サバイバル英会話
「話せるアタマ」を最速でつくる

関 正生 Seki Masao

プロローグ

たとえば皆さんが広大な砂漠でのサバイバルを強いられたとして、そのとき砂漠を見渡す地図があればどれほど便利なことでしょう。どこにオアシスがあるのか、どこへ向かえば海が見えるのか、街があるのか、そもそも砂漠はどれくらいの大きさなのか――。その情報は生きるか死ぬかに関わるはずです。しかし砂漠に地図はありません。

世間で使われる「英会話」という言葉も、この砂漠と同じです。この英会話という世界がいったいどんな場所で、どこまで続くのか、何が必要なのかを示されることはなく、ただただ広大な場所を歩き続ける……。与えられる情報がどこでどう役立つのか、英会話学習はいつ終わるのかがわからないまま、フレーズの丸暗記など無味乾燥な勉強を強いられてきたのではないでしょうか。

本書は、そんな砂漠のように果てしなく続く英会話の世界に、ひとつの地図を示し、徹底して効率よくサバイバルしていくことを目指していきたいと思います。

なぜ英会話は難しいのか

「英会話は難しい」という声がよく聞かれます。いったい英会話の「何が」難しいのでしょうか。

ところで、皆さんは「日本語で」人とコミュニケーションをするのが得意でしょうか？　たとえば知らない人と雑談をするとき、どのくらいの間会話が続き、盛り上がりますか。

「コミュ力」という言葉が一般的になり、話し方やプレゼンテーション、雑談力を身につけるための本が多く出版されているのを見るに、コミュニケーションが苦手、もしくはあまり得意ではないかな、という人も多いと思います。

何が言いたいのかというと、英会話は英語力だけでなく、私たちそれぞれが持っているコミュニケーション力に、かなり左右されます。わかりやすく言えば、英語の力が10あって、コミュニケーション力が10あれば、そのかけ算で100のアウトプットが生まれます。英語力が3でも、コミュニケーション力が10であれば30のアウトプット、英語力が10あっても、コミュニケーション力が2なら20のアウトプットというイメージです。そう考えると、日本語でも得意だと胸を張れないものを、英語でペラペラ話せるはずもありません。英会話を語るときには、この点が巧妙に無視されがちです。

かくいう私も、予備校講師という職業柄、話すのは得意と思われることもありますが、それはあくまで英語の授業が得意なだけで、日常のコミュニケーションは別であり、正直なところ、人と比べてコミュニケーション力が高いとは決して思いません。自分は英語ができるから楽勝だと思い込んで海外に出かけ、何度も失敗や挫折を味わいました。

このことは、通常「英会話」を教えることのない予備校講師である私が本書を執筆する理由になるので、自己紹介がてらお話しします。少しだけお付き合いください。

英会話なんてくだらないと思っていた

私は大学生のときから、20年ほど全国の予備校で大学受験生に英語を教え、現在はリクルートの運営するオンライン予備校「スタディサプリ」で、全国約60万人の中高生に向けてパソコン・スマホを通して動画授業を行っています。とはいえ英語に関して特別な訓練を受けたことはなく、日本で生まれ育ち、28歳まで海外旅行さえしたこともありませんでした。

しかも、なまじ大学入試の難しい長文の読解法を教えているので、“Hi, how are you?”から始まって、「今日も暑いですね」「週末は何するの?」といった会話は、正直に言うと、くだらないと思っていました。「そんな会話はどうでもいいから、たどたどしくてもきちんと論理立てて自分の言いたいことを伝えられることのほうが大事だ」と。

その後、予備校業界の外へと活動の場を広げ、外資系企業の商談の場に参加させてもらったり、企業の英語研修の講師として呼ばれ、多くのビジネスパーソンからリアルな悩みを聞いたりしてきました。また、数年前から視野を広げるために、東京のほかにシンガポールにも拠点を持ち、1年のうち数か月間はシンガポールで生活しています。オーストラリアやヨーロッパにも、年に5回は行っています。

そんな中で突き当たったのは、予備校にいるだけでは絶対に知り得なかった現実でした。

恥ずかしながら、ひとつのエピソードを紹介しましょう。仕事で知り合った、MBAを取得しているジャマイカ人の経済アナリストと英語で話したときのことです。

その彼に私は「お酒でストレスを解消することはある?」と聞かれました。そのとき私は「仕事での失敗は仕事で返す」と言ったのです。「だから酒には逃げないんだ」と。すると、彼が引いているのがわかりました。

何がダメだったのか。その質問は、もっと軽いニュアンスで「君はお酒をよく飲むの?」くらいの意味だったのです。だから「僕はビールが好きだ」といった感じに言えばよかったわけです（ちなみに“How about you?”と彼に聞いたら、「俺はテニスをする」と言われて、「なんだ、お前、飲まないのか」と思いましたが）。だから「お酒、飲む?」「いや、お酒はそこまでだけど、僕はこういうことをやるよ」なんて切り返せばよかったのです。あくまで雑談であることを理解せず、まるで議論のようなテンションで返してしまったわけです。

“Do you speak English?”の本当の意図

皆さんにもたとえば、道を歩いていて知らない外国人から、“Do you speak English?”と話しかけられた、という経験はないでしょうか。英語に苦手意識を持っていると、“No...”とか“Li...Little.”などと言いたくなります。

でも、そんな必要はないんです。別にその外国人は皆さんの英語力を「判定」したいわけじゃないからです。

“Do you speak English?”という言葉の意図は「あなたと話がしたい」です。

「何語だったらあなたとコミュニケーションが取れるの？　英語ならどう？」と、最初に確認しているわけですね。自分で勝手に「英語はできない」と暗示をかけていると、誤解してしまいがちです。

コミュニケーション力に頼らない「底力」を

世間では「英会話くらいは……」なんて言われたりもしますが、こうしたことを聞いたり経験したりするにつれ、英会話には特有の難しさがあると感じてきました。

そこで、**「私はコミュニケーション力に自信がないから、英会話は無理なんだな」と悲観するのでない、むしろそんな人にこそ使ってもらえる方法論**を、自分自身の経験を踏まえてずっと探してきました。それを整理し、道筋をつけたのが本書です。

多くの方がすでに実感されているように、英語はそう簡単にできるようになりません。でも、「何が難しいのか」を正しく知り、つまずきの先手を打っておくことはできます。そうすれば、ちぐはぐな努力をしたり、無駄な回り道をしたりせずに済みます。本書は、勉強時間が限られている社会人の皆さんに英会話を効率よく身につけてもらうために、**誤解されがちな英語を話すための「マインド」を根本からとらえ直し、必要な状況で必ず使える「テクニック」を解説する**ものです。

「雑談」というファースト・ステージ

英語を話すための「マインド」という点からお話ししましょう。

海外でいろいろな人と話すうちに気づいたのは、とくに英米圏の人々は、日本よりもずっと何気ない会話、とりわけ**「雑談」を大事にしている**ということでした。異文化の知らない人と初めて会話をするときに、それがビジネスの場でも日常の会話でも、自分の出自や趣味の話、休日の過ごし方、どんな仕事をしているのかなど、些細(ささい)な情報の交換がスムーズに行えるだけで、相手との距離はぐっと縮まります。

英会話学校に通ったことのある人であれば、レッスンの前のいわゆる「スモールトーク」を経験したことがある人も多いでしょう。それがまさに雑談です。しかし、日常会話でよく使うフレーズや言い回しを網羅した本はたくさんありますが、**極めて重要にもかかわらず、そうしたスモールトークをどうやって行えばよいのかの具体的な方法については、意外なほどに語られません**。ですから本書では、英会話における雑談、言うなれば「おしゃべり英会話」に重きを置きます。どんなに英会話フレーズを覚えても、どんなに立派な意見を持っていても、この「雑談」というステージをクリアしないことには、次のステージへ進むことができないからです。

英検の面接試験でも、必ず雑談から入ります。試験であれビジネスであれ、じつは雑談は軽視できないものであり、ひとつの立派なスキルなのです。

そこで大事になるのが、会話に対する「マインドセット」です。基本的な態度、心構えと言い換えてもよいでしょう。

人と話をするときのマインドは、日本と英米圏でかなり異なります。私たち日本人はふだんの会話の中で、些細なことでもすぐにほめられたり、「君の趣味は何?」「週末は何をするの?」なんて聞かれたりすることは少ないですが、ネイティブスピーカーはあなたにガンガン質問してきます。

それらにひるまないためにも、英語で会話をするうえでの「マインドセット」を正しく知る必要があるのです。それを理解するだけでも学習の近道になります。

しかも、海外でさまざまな人々と英語で話をしてわかったのは、雑談にはパターンがあるということでした。

パターンがあるということは、あらかじめ準備ができるということ。話し上手というのは天性の能力のように思われがちですが、身につけられる「スキル」でもあるのです。ですから本書では雑談のパターンと、準備の方法（仕込み）についても詳しくお伝えします。

万能のテクニックを知り、使いこなせ

次に「テクニック」についてお話しします。

英会話ではとにかく黙っていることが一番よくありません。何か言われたり聞かれたりしたら、とりあえず何かしら言葉を発する必要があります。

「でも、どうやって?」と思うかもしれません。とくに実践が足りていないと、返し方がわからなかったり、言いたいことがパッと出てこなかったりするものです。

本書で紹介するテクニックとは、そうしたときに役立つ表現や、切り抜け方です。テクニックというと裏ワザのようにも聞こえますが、ネイティブも頻繁に使うスタンダードな表現と技術、「彼らが無意識のうちに使っている技を意識化したもの」と言えます。

日本語でも私たちは知らず知らず、ずいぶんと決まり文句に頼っていませんか。

「お世話になっております」「よろしくお願いします」などの定型句に始まり、「なるはやで」「いい感じにまる

っとまとめて」とか、ビジネスでなくとも「それ、ありがちだよね」「そういえばさ……」といった日常会話のあいづちやつなぎの表現など、ちょっと考えただけでも、私たちはいかにふだんの会話を決まり文句に頼っているかがわかるでしょう。それを英語で、とくに相手との雑談で使える表現やテクニックを中心にストックしておきましょう、というわけです。

ゴールまでの「地図」を持つ

そして、「マインド」と「テクニック」を習得する前に、頭に入れておくべきことがひとつあります。

それは「話せるようになるまでの道筋を正しく知っておく」ことです。

行ったことのない目的地に向かうとき、皆さんはどうしますか。地図でルートを確認しますよね。向かう途中に現在地を確認することもあるでしょうし、目的地までの時間を計算したりもするでしょう。

英会話学習もそれと同じです。右も左もわからない状態で飛び込むのではなく、まずは「英会話」と言われるものの全体像を知り、自分はどこを目指すのかを具体的に考え、そのレベルに到達するまでの「地図」を手に入れておく。そうすれば、皆さん自身の目標達成への最短ルートが見えてくるでしょう。

本書の構成

本書は英会話習得のポイントを以下の4つの視点に絞り、4つのパートにわたって解説します。

①　話せるまでの「地図」を持つ
②　「マインドセット」を知る
③　「パターン」を知り、準備する
④　効果的な「学習方法」を知る

第1講は①にあたる部分、今しがたお話しした、**英会話と言われるものの全体像、「話せる」ようになるまでの具体的な見取り図を示していきます**。そして、そこに至るまでに突き当たる「壁」を俯瞰(ふかん)したうえで、それぞれのつまずきへの対策を見ていきます。

第2講は②にあたる部分、英語で会話、とくに**雑談をするときのマインドセットを解説します**。初対面の人には、「やたらと話しかけない」「深掘りしない」「余計なことを言わない」のが私たち日本人の暗黙のルールですが、それは英米圏ではまったく異なることを先ほどお伝えしました。その英米圏での発想を手に入れるための思考法を、私は“おばちゃん思考”と名づけます。英語で話すときにはこのマインドセットを知り、うまく取り入れることが重要です。同時に、ポイント③にも通じますが、雑談時における「3つの鉄板ネタ」の仕込み方についても紹介します。

第3講は③をさらに広げ、**会話のキャッチボールを続けるために必須の慣用表現——あいづち、話題転換、時間稼ぎ表現などを紹介します**。とりわけ話すのに慣れていない段階では、あいづちの多様なパターンが頭に入っていると非常に重宝します。また、相手の言っていることが聞き取れなかったときの上手な切り返し方など、さまざまな状況を切り抜ける表現やテクニックもあわせて解説します。

第4講は、英会話を学習していくうえで事前に知っておきたい重要な点を整理しました。完璧主義を捨てて、とりあえず「話せる」状態になるには、何に力を入れて、逆に何は手を抜いて大丈夫なのかや、会話の「見栄え」の整え方などを紹介します。

前半2講を「マインド編」、後半2講を「テクニック編」と位置づけていますが、興味のあるところ、必要と思われるところから読み始めていただいて構いません。

英会話をモノにするために、目的に応じた正しい指針とテクニックを知っておくだけで、無駄な努力は激減し、視界は一気に開けてきます。

英会話という、一見よく知られているようで、じつは未知の世界をサバイバルしていく一助として、本書が「英語を話せるようになりたい!」と願う皆さんの導きとなれば幸いです。

サバイバル英会話——「話せるアタマ」を最速でつくる　目次

Ⅱ テクニック編

Ⅰ　マインド編

第1講

話せるまでの「地図」を持つ

無駄な努力や挫折をしない

「英会話」という言葉をとらえ直す

「英会話」とひと口に言ってもさまざまです。場面はビジネスなのか旅行なのか、あるいは日常の何気ない会話なのか。「ビジネスの会話は難しくても、日常会話程度なら」と思われる方もいるかもしれません。

しかし、冒頭でお伝えした通り、英語を「話すこと」はとても難しいことです。しかも、ふだんの日常会話こそ難易度が高い。しっかり勉強したのに、子どもやファストフード店の店員に通じないとやたらとへこみますが、じつはそういう会話が一番難しいことをまずは認識してください。

ビジネスの場面であれば、相手にも知識があり、人によってはこちらの英語があまり上手でなくても気を使ってくれ、話に耳を傾けてくれることも多いのですが、海外で道を歩いているような一般の人は他人の話などハナから聞く気がないこともよくあります。ですから、そういう場面で英語が通じなくても自信をなくす必要はまったくありません。

練習量が足りないだけ

そもそも、たいていの場合、英会話は練習量が圧倒的に足りないのです。

「学校で文法や読解ばかりやっているから日本人は英会話ができないんだ」と言われたりもしますが、私に言わせれば文法や読解すらも全然足りないと思います。中学校3年間で学ぶ英文の量は洋書20 ～ 30ページに満たないといいます。つまりたったそれだけの量を読むために3年もかけているわけです。いわんや会話をや、というところでしょう。

皆さんは、やっていないからできないだけ。やっていないものをできるわけがないんです。だから変な先入観や苦手意識を持つ必要はまったくありません。

その表現、どこで使うの？

効率よく英会話技術を上達させるには、「どこで使う英会話」なのかをはっきりさせるべきです。

自分に関係のない英会話表現を学ぶ必要はありません。あいも変わらず一部の英会話集には“Who ate the cake?”のような文が載っていますが、こんな文は一生使いませんよね（英米人はすぐケーキを食べちゃうイメージでもあるんでしょうか）。それは極端な例にしても、過去にベストセラーになった本には「歯を磨いたの?」という表現が載っていましたし、「僕たちの娘の進路、どうする?」という文が載っている本もありました。言わずもがな、国際結婚でもしない限りこんな表現は使いません。

ちぐはぐな勉強をしないためにも、自分がどういう会話がしたいのか、どういうタイプの会話を学ぶ必要があるのかを把握しておくことが大事です。

「英会話の本」には2種類ある

私は語学書を執筆している仕事柄、そして予備校講師という職業柄、これまでにどのような英会話の本が出ているかについては熟知しています。

そこで、書店の英語学習書コーナーにある英会話本を、2種類に大別してみました。

パターンA：英語ネイティブや帰国子女などが教えるもの

パターンB：英語の先生やビジネスパーソンなどが教えるもの

Aはネイティブ、帰国子女、あるいは本という形ではありませんが、最近だとユーチューバーなどもここに入るかもしれません。「ネイティブはこう言います」「ネイティブからすると、日本人のその英語表現はおかしいです」といったような、ネイティブや帰国子女自身の肌感覚から英語を指南するものですね。

一方のBは、大学教授から私のような予備校講師まで、あるいは現場で後天的に英語を鍛え上げたビジネスパーソンなどが、各々(おのおの)の方法論で英語を解説するものです。

もちろん、これはどちらがいいとか悪いとかいう話ではありません。

考慮しなければならないのは、両者は「立場が違う」ことです。Aを歌手、Bを俳優にたとえてみてもいいでしょう。俳優が言うところの「言葉が大事」と、歌手が言うところの「言葉が大事」とは意図するところが違う可能性があります。

つまり、「英語ではこれが大事」と言っても、立場が違うわけですから、「あくまでこの人の立場にとっては」という意識を持つことが必要です。ネイティブにとっては大事な違いだけれど、日本国内の仕事や趣味で最低限の英語を使う人ならば、そこまで大事でないこともあります。逆に、大学教授が「話せるようになることより、良質な英文を精読・吟味することが英語力の向上につながる」と言っても、英語が苦手なのに2か月後に海外赴任が決まった人には、とてもそんなことに耳を貸している余裕はありません。

本の書き手の立場を見極めないと、勉強の方向性が狂って、時間を浪費するだけです。

世の英会話本を7つに分けてみる

以上のことを踏まえて、世に出ている「スピーキング」をテーマとした本をもう少し細かく、私なりに7つに分類してみます。それによって、「英会話」と世間で言われているものの全体像を見渡してみましょう。

英会話本の7つのタイプ

1 発想系
自身の体験から導かれる考え方や学習法など（ビジネス書テイストの本に多い）

2 慣用表現系
How are you? から始まり、よく使われる英語表現をまとめたもの

3 瞬発力系
ポンと聞かれてポンと返す英語の知識と瞬発力を鍛えるもの

4 雑談系
自己紹介などのモデルスピーチや「自分のことを話してみる」系

5 文法駆使系（パターン1）
I'd like ○○.など、定番の表現から会話表現を教えるもの。語句を入れ替えるタイプの会話本

6 文法駆使系（パターン2）
たとえば「比較」の単元で、「富士山は日本で一番高い」→“Mt. Fuji is the highest in Japan.”のように、文法事項を英作文形式で確認するもの

7 資格試験・プレゼン系
英検の二次試験（面接試験）の対策など

それぞれについて簡単に解説します。

1の「発想系」とは、自身の体験に基づき、「英語はこういうふうに話すといいよ」と指南するタイプのもの

です。

こうした本は英会話力を上げるというより、「こんな簡単な英語で通じるんだ」ということを気づかせたり、モチベーションを維持する、やる気を出す役割があります。

2の「慣用表現系」は、たとえば“What do you do?”（お仕事は何ですか）や“Do you have the time?”（お時間わかりますか）など、日常的に頻繁に使われる英語表現を「覚えましょう」というもの。しかし「覚えましょう」と言われてもなかなか覚えられるものではありません。まして「ここではtheが必要」とか「現在形になることに注意」と言われても、スムーズに記憶するのはじつはとても困難です。

3の「瞬発力系」とは、何か言われたときにパッとすぐに返すための知識やテクニックを扱ったもの。“Almost.”（惜しいね）、“That makes sense.”（なるほどね）といったあいづちの表現などもここに含まれます。その前提としてalmostの意味やmake senseの意味を知識として知っておく必要があります。そうした本を生かすには、本の内容から自分がよく使う言葉を取捨選択したりアレンジしたりして、しっかりと頭に入れ、口になじませる必要があります。

4の「雑談系」とは本書の冒頭でお話しした通り、それを真正面から語っている本はあまりありません。強いて言えば自己紹介などのモデルスピーチや、自分のことを話す、といった内容の本がこれにあたります。

学習の目的と、本の性格を考える

5と6の「文法駆使系」については、例を挙げてみましょう。

たとえば5は、I'd like …のlikeに続く文を入れ替えて、"I'd like a receipt."（レシートをいただきたいんですが）、"I'd like a reserved seat."（指定席をお願いしたいんですが）、"I'd like to try that."（それをやってみたいです）といった文が一覧になっているようなもの。6はたとえば、「富士山は日本で一番高い山です」という日本語を見て、それに"Mt. Fuji is the highest in Japan."などと答えるものです。いずれも文法の知識を駆使するという意味で、「文法駆使系」という名前をつけてみました。

ただ、こういった勉強をしっかりやっても、すぐに話せるようになるわけではありません。というのは、考える時間がある分、瞬発力は鍛えられないからです。また日本語を目で見ているため、それが大きなヒントになるということは、とても重要なポイントです。何も見ずに口から英語を出す、つまり英語を「そらで」話せるようになるには、この方法だけではダメだ、ということです。

7の「資格試験・プレゼン系」はわかりやすいでしょう。英検を受ける人はその二次試験（面接試験）のための本。英語でプレゼンをしてみるといった類いの本も含みます。ちなみに7で必要とされるのは、物事を説明するための基本的な知識や、議論をするための論理性、自分の意見を述べる力などです。

このように、ひと口に「スピーキング」と言っても、目的別にかなり幅があります。

だから、2の本を求めているのに1の本を買うと、勉強がちぐはぐになってしまうわけです。そして、自分では使わないような表現を一生懸命暗記することになる。真面目な人ほどそういう傾向にあると思います。

ですから、**まず「何のために英会話を学ぶのか」をしっかりと考え、本の書き手の立場と本の性格を理解したうえで、勉強を始める必要があります。**

本書で扱うのは、先の表の2、3、4にあたる部分です。その理由は次の項で詳しく説明します。

英会話の雑談は「準備」が9割

さて、本書がなぜ英会話における「雑談」を重視するかについて、もう少し詳しくお話ししましょう。

なぜ「雑談」が大切なのか

英会話における「雑談」の重要性については、今まで書籍としてまとまった形で語られることは多くありませんでした。それはまだその重要性が気づかれていない、ということかもしれません。

しかし、たとえばビジネスで、クライアントとのちょっとした雑談から何かが生まれたり、社内での雑談がキャリアアップにつながったりすることもあるかもしれません。そう大きな話でなくとも、雑談は円滑に仕事を進めるうえで欠かせないスキルです。これが英米圏での話となると、その必要性は想像以上に高まります。

そしてその大切さは、ビジネスに限りません。

例を挙げましょう。私は先日オーストラリアのメルボルンを旅行したのですが、朝食を取ったあと、ホテルのエレベーターで年配の夫婦と乗り合わせました。

彼らは散歩をしてきたようで、2人で楽しげに盛り上がっていたのですが、エレベーターに入るなり、見知らぬ私に“How are you?”と話しかけてきます。

それに答えると、その2人は話を切り上げるどころか、「4キロ先のホッケーのスタジアムから歩いてきたのよ」と言います。「あなたも行くといいわよ」と。そして「あなたは今何をしてきたの?」と聞くわけです。「朝ご飯を食べてきた」と言うと、“How was it?”（それはどうだった?)、「パンケーキがおいしかったよ」と、そういうやり取りをしました。

その会話の内容にさほどの意味はないでしょう。ここで強調したいのは、同じエレベーターに乗り合わせた人と普通にそんな会話をする、そういう文化があることです。公園を歩いていて、子どもを連れている父親に、見ず知らずの女性が、“How pretty!”と話しかけ、その父親が“I know.”と答えている場面を見たこともあります。

そうした雑談を支えるのが、前の項の表（22ページ）に整理した中の、3のタイプの内容です。パッと対応できる表現を知って口になじませておかないと、ネイティブを前にして、どうしても“Yes.” “Yes.” “No.” “Yes.”と言うだけの会話になりがちです。

英語で瞬時に自分のことが語れるか

話は少し逸れますが、試しに自己紹介が英語でできるかどうか、一緒に考えてみましょう。

たとえば、"Where are you from?" と聞かれたとします。

多くの人は"Japan." と答えますね。すると、Japanのどこだと聞いてきます。東京や大阪であれば相手も知っている可能性は高いですが、仮に「愛媛」だとどうでしょうか。

"Which part of Japan are you from?" や"Where in Japan?" と言われて、"Ehime prefecture." と言う。そうすると、"Oh, Ehime?" と返ってくる。

さて、なんと言いますか。

もちろんこれを読んでいる皆さんの多くが愛媛県出身ではないでしょうから、「愛媛……なんだろう……?」となるのは無理もありません。ただ、「○○（あなたの出身地）って?」と聞かれて何も言うことがないと、そこで相手との会話が止まってしまいます。

つまり、事前に「ネタ」として仕込んでおくくらいの準備がなければ、瞬発的にパッと答えることはじつに難しい、ということなんです。

たとえば愛媛ならミカンが有名ですから、"Ehime is famous for oranges." と言えるかもしれません。さらに、ミカンにもうひとつ何か絡めて、"They're really sweet and easy to peel."（とても甘くて皮がむきやすい）や"They're especially popular in the winter."（とくに冬に人気がある）、"Have you ever tried them?"（食べたことある?）などと言えればよいわけです。

余談ですが、お仕事でご一緒させていただいたお笑い芸人の方が、バラエティ番組のひな壇トークでは、芸人同士のパスの出し合いがとても大事だと言っていました。そしてそれは、お互い相手のことをよくわかっているからこそできるのだと。また、ネタの仕込みがものすごく大事だとも語っていました。

要するに、あれだけ流れるようにしゃべっている芸人さんでも、ネタの仕込みをして、周りとの阿吽(あうん)の呼吸でエピソードを語るからこそ輝くのです。

話を戻すと、それだけ才能がある人でも準備をしているわけですから、当然見ず知らずの外国人と雑談しようとしている私たちは、しっかりと準備をしておかなければ太刀打ちできません。逆に、ここを強化すればそれは大きな武器となります。

「準備」は本書を貫くキーワードです。どうやって準備をすればいいのかは、後ほど具体的にお話しします。

通訳もアスリートも驚くほど準備している

前項の続きとして、英会話において「準備」がいかに大切かをもっと実感していただくために、いくつか英語を使う第一線の人の例を出して考えてみましょう。

同時通訳者のものすごい勉強量

多くの世界的な知識人の通訳をしている同時通訳者の方と仕事で知り合ったのですが、その方はとにかく勉強されていました。

同時通訳というと、その場でパッパッとしゃべっているイメージが強く、「きっと英語がものすごくできるんだな」という程度の印象しか持たないかもしれません。もちろん英語ができることは大前提ですが、その陰には血のにじむような努力があります。

たとえばスポーツ選手の通訳をするとなれば、そのスポーツの基礎知識や用語を覚えておかなければなりません。物理学の世界的権威が来日するとなれば、物理学の知識から専門用語に至るまでひと通りストックしておく必要があります。同時通訳者でさえも、ひとつひとつの仕事のタイプに合わせて、ものすごく「準備」しているわけです。

アスリートの流暢なインタビューの裏側

もっとよく目にする例を見てみましょう。

海外でも活躍しているサッカー選手やゴルファー、テニスプレーヤーなどのアスリートが、英語でインタビューを受けているのをテレビで見たことがある人は多いでしょう。それを見て「スポーツの才能もトップクラスなのに英語までできるなんてすごい」と思ったりしませんか。

しかし、その言葉によく耳を傾けてみると、決まり文句をいくつか使い回していることがあります。彼らは必要な言葉や表現を完璧に「準備」しているのです。

「体調はどうですか?」「今度の試合に向けて思うところは?」「今日の試合の反省点は?」。質問されることを想定して、応対できるように言葉を考えておく。だからこそ流暢(りゅうちょう)に英語が出てくるのです。

もちろん英語が堪能なアスリートもいるでしょうが、たとえば彼らアスリートが「ダルマ」を説明できるかというと、難しいのではないでしょうか。

皆さんも考えてみてください。“What is a daruma?”と聞かれたら、なんと答えますか。

おそらく多くの人が答えられないのではないでしょうか。

それも当然です。それは「英語が出てこない」のではなく、そもそも、ダルマというものが何なのか理解できていない、「準備ができていない」のです。

一度私は日本で外国人の旅行客に同じ質問をされましたが、うまく答えられず、後にダルマの意味を調べ、「インドの僧をモデルにした魔除け」と知りました。当たり前ですが、知らないことは答えようがないわけです。

使わない言葉は絶対に出てこない

私自身の経験として、もうひとつだけエピソードを挙げてみます。

外資系企業で働いている日本人の方と私とで、インド人の方に東京を案内する機会がありました。

初めて日本に来たというそのインド人の方に東京駅を案内したのですが（東京駅は煉瓦（れんが）造りで有名です）、このbrick（煉瓦）は明治期に作られた当時のままの姿を再現するために、わざと古めかしく作ってあるんだ、ということを話しました。

するとその話を横で聞いていた日本人の方が、「よくbrickなんて言葉がパッと出てきますね」と言ったのです。

その方は仕事柄、英語は非常に堪能です。業界のビジネス用語ならば何だって英語で言えるはずです。しかし、ふだんbrickという単語は使いません。要するに、使わない単語は知らないし、出てきようがないのです。

私以外の例も挙げてみましょう。私と一緒に参考書を執筆したことのあるカールさん（アメリカ出身）は、日本語を勉強することが好きで、とても流暢な日本語を話します。日本人でも説明することが難しいような言葉もたくさん知っています。

そんな彼でも「髪をすく」という日本語は、なかなか覚えられないそうです。髪は月に1回くらいしか切りに行きませんし、そのときでさえ使うか、使わないかです。頻繁に使わない言葉は何回覚えても忘れてしまうわけです。

つまり、それぞれの目指す分野、しゃべりたいことの単語をきちんと収集して、「準備」しておかなければ英語は絶対に出てきません。自分にとって必要な言葉をしっかりと覚えておく。興味がなくても必要ならば、かなり強い意識を持って覚えていかなければいけません。

話せるまでの道のり①
～スピーキング以前の壁～

英語で会話ができるようになるための道のりには、いくつかの壁があります。これから英会話を学ぼうと思うときに先に何が待ち構えているかを知っておく、あるいは今まさに英会話を学んでいてちょっと停滞しているなと感じたときに、**自分がどこでつまずいているのかを正しく把握しておくことは、英会話学習を効率的に進めることにつながるでしょう**。ゴールまでのルート、「地図」を持っておけば、「あれだけ勉強したのにどうして」なんて思わずに済みます。

この項ではまず、「話せる」ようになるまでの壁として、そもそもスピーキングのスキル以前の状態でのつまずきと、その処方箋についてお話しします。

「スピーキング以前の壁」とは

スピーキング以前の壁とは、「話せない」のではなく、それ以前に聞き取れていない、リスニング力の問題ということです。

「相手の言っていることがわからない」という状況があったとして、その「わからない」は何に起因しているのかを考えてみます。「相手の言っていること」は、以下のどちらでしょうか。

①英文を見ても（読んでも）わからない
②英文を見れば（読めば）わかる

英文を見てもわからないのは、単純にインプット不足（単語や文法、決まり文句などの知識不足）です。ですから対策としては、

- **単語や文法をしっかりとインプットして増強していく**
- **読解教材を利用してリーディングの力を上げる**

ということが考えられます。

後者の読解教材に関しては、『CNN ENGLISH EXPRESS』（朝日出版社）と『ENGLISH JOURNAL』（アルク）という2つの有名な英語学習用の雑誌があります。前者は時事系のニュースが中心で、知識の習得の面でも勉強になります。後者は著名人のインタビューなど、バラエティに富んだ英語を読むことができます。

「インプット」という点に絡めて、ひとつ例を挙げてみましょう。

『ENGLISH JOURNAL』のある号では、イギリス人の俳優であるエマ・ワトソンのインタビューが掲載されていて、その中で It was awkward. という表現が使われ

ていました。

awkwardは難しい単語です。単語帳にはよく「不器用な」と書いてあります。が、これを「不器用な」と解釈してはエマ・ワトソンの言わんとするところは理解できません。awkwardの本質は「ぎこちない」で、「手先がぎこちない」→「不器用な」、「空気がぎくしゃくしてぎこちない」→「気まずい」などの意味になります。まずは「ぎこちない」と考えることが大切なのです。

話を戻すと、映画『ハリー・ポッター』シリーズは、ハリー・ポッター、ロナルド・ウィーズリーという2人の男の子と、エマ・ワトソン演じるハーマイオニー・グレンジャーという女の子の、仲のよい3人組を中心に物語が展開されます。ネタバレになってしまいますが、物語の後半で、ハーマイオニー（エマ・ワトソン）はロナルド・ウィーズリーと恋人になります。

3人で10年もの間、仲間としてやってきて、今さらキスシーンがあった。それをどう思ったかと問われたときに、"It was awkward."と言ったわけです。つまりここでは、「気まずかった」ということなんです。

エマ・ワトソンのインタビューの中で、こんな難しい単語が出てくる。仮にこの単語を知っていたとしても、「不器用な」と覚えていては、そもそも「相手が何を言っているのかわからない（英文を見てもわからない）」のです。だからインプットの増強が必要だ、というわけです。

リスニングに立ちはだかる壁

②のパターン、つまり内容はよく聞き取れなかったけれども、スクリプトを見たら知らない単語はなく理解できた場合はどうでしょうか。

これはリスニング力が不足している状態と言えます。単純に「音の知識」が不足しているとも言えるでしょう。

たとえばaboutという単語が会話で使われるとき、実際には「バウッ」としか聞こえないことがよくあります。この「バウッ」を聞いて、「あ、aboutのことだな!」と理解するには、「正確なアクセントの知識（aboutは後ろの「バウ」の部分が強く読まれるため、語頭のaがほとんど聞こえない)」と「単語の語尾のt, dといった音は飲みこまれる（aboutの語尾のtは飲み込まれ、ほとんど聞こえない)」といった、音に関する知識を持っておく必要があります。

あとは「直解力」。何かを言われたときにパッとその状況が浮かぶ英語処理能力のことです。この直解力、英語を聞いて1回頭の中で日本語に訳して「ああ、そういうことか……」となるのではなく、**言われた瞬間に「なるほど!」というスピードで反応できる力は、音読することで身につきます**。長めの英文を音読する練習を重ねていくと、直解力は少しずつ磨かれていきます。

この場合の音読は英語処理能力を磨くためのものです

から、学校でやったような、声を大きく出すものや、発音を意識するものではなく、「内容を理解しながら」取り組むと効果が出やすいでしょう。

話せるまでの道のり②
～スピーキングの壁～

前項では「スピーキング」以前につまずいている状況について見てきました。

この項では会話するときに、相手の言っていることは聞き取れるし、理解もできるけれども、返し方がわからない、パッと出てこない。そうした状況が生まれる理由を4つに分けて考えていきます。

スピーキングの4つの壁

以下が私の考える、スピーキングの4つの壁です。

スピーキングの４つの壁

1 **英語力の壁**
…スピーキングの知識不足

2 **瞬発力の壁**
…知識が定着していない、瞬発力が鍛えられていない

3 **発想力の壁**
…細かいことにこだわりすぎている

4 **日本語力の壁**
…そもそも日本語でも意見を言えない

ひとつずつ簡単にお話ししていきますが、皆さんの壁がどこなのかを分析しながら読み進めてみてください。自分は今、どこで詰まるのか、もしくはどこで詰まりやすいのか。もしかするとひとつではなく、複数あるかもしれません。全部ということもあり得ます。大事なのはそれを認識することです。

「英語力の壁」

「英語力の壁」とは、スピーキングの知識が不足している、つまり表現を知らないから出てこない、というものです。ですから、よく使われる慣用表現、あいづちなどの知識をきっちり身につけることがそのまま対策になります（第３講で取りあげます）。

また、少し学習が進んできて、学んだ英語が自分の中で定着してきたら、ふだんから頭の中で英語をしゃべってみるのもいいでしょう。私は英語オタクでは決してないですが（英語講師には英語の辞書を読んでいたら夜が明けていた、という人もいます）、トレーニングをかねて、日本のスターバックスコーヒーで注文をするときには、頭の中で“Can I have a tall iced soy latte?”（トールサイズのアイスソイラテをお願いします）とつぶやいていますし、コンビニのレジでのやり取りも、“Would you like this heated up?”（これ、温めますか）“Yes, sure.”（お願いします）などと、心の中で英語にしてみています。

ただ、1日中それをやっているとたぶんノイローゼになります。というより、仕事もあるのに朝から晩まで同時に英語を勉強するのは大変です。

ですからある程度の区切りを決めて、コンビニだけ、電車の中だけ、テレビのCMだけと、自分の得意なところを探して練習してみるのがいいと思います。簡単にできるので、気楽にやって、やめたいときにやめるのがポイントです（この「ひとりでできる練習」については本書の最後に詳しくお話しします）。

「瞬発力の壁」

「瞬発力の壁」は先に触れましたが、知識として覚えてはいるけれど、パッと言えるようになるまでにはその知識が定着していない状態です。言われてみて「あっ、なんだ。そう言えばいいのか」というものは多々ありますよね。たとえばIt worked.（うまくいったよ）という表現は簡単で、言われれば「ああそうか」と思えますが、使えるようになるには何度も意識的に使ってみて、口になじませておかなければなりません。

英語は「なるほど」と思っただけでできるようにはなりません。たとえば数学では、ひとつのことが理解できたら、応用して別の問いを解けたりもできます。しかし、語学でそれはできません。語学は知識と定着の積み重ねだからです。

「ただ言える」だけでは、いざというときに使えないのに、多くの人がそこで満足してしまう。大事なことは、「定着」です。

ですから表現をしっかり定着させるために、自分でその日のテーマを決めて、この表現を使ってやろうと強く意識して口に出してみてもいいでしょう。繰り返して頭にしみ込ませるわけです。

「発想力の壁」

次の壁として、「発想力の壁」があります。ここから少しずつ難しくなっていきます。

発想力の壁とは、細かいことにこだわりすぎている状態です。英会話ではかなり陥りがちです。

たとえば、「私たちは来週の今日出発します」を英語にすると、We are leaving a week from today. です。でもこのa week from today（来週の今日）は、なかなか出てきません。真面目な人ほど「来週の今日」を正確に言おうとして、言葉が詰まってしまう。

でも、無理して覚えなくて大丈夫です。「あかね色」が言えない子どもが「オレンジ」と言うように、子どもの大まかな発想でいいんです。

a week from todayなら、next week、あるいはnext Fridayで十分です。“Next week.” と言って、もし“What day? ” と聞かれたら“Friday.” と言えばいい。あるいは多

少くどくても、in seven daysなどでも通じます。後述しますが、英会話では「黙る」のが一番タブーですから、**厳密に言おうとせず、言える形で言葉にするという発想の転換が必要です。**

少し練習してみましょう。

「留学」を英語でなんと言えばいいでしょうか。

study abroadです。

「ひとり暮らし」はどうでしょうか。

live aloneでOKです。

では、「てるてる坊主」を英語で言ってみてください。

単語帳にもこんな言葉は載っていません。どうするか。形や色、素材、何のためのものか、なんて考えていけばいいんです。たとえばwhite, tissueなどが出てきますね。paper dollなんて言えたら十分ですし、単語が難しいですが、amulet（お守り）でもいいでしょう。

もうひとつ。「カモノハシ」を英語で言ってみてください。カモノハシはplatypusと言います。出てこないですよね。出てくるわけがないです。ではどうするか。

カモノハシは哺乳類ですよね。mammal（哺乳類）、これなら知っている人もいるでしょう。少なくともplatypusよりはずっと知られた単語です。それが出てくれば、たとえばmammal but come from eggsと続ければ、カモノハシのことだと通じます（ちなみに模範的な言い方はmammals that lay eggsです。thatは関係代名詞、layは「（卵を）産む」です）。「カモノハシ、そんな単語知らない……」と思っていたら、永久に言葉は出てきません。そういうときは、**1ランク大きなくくりで考えてみましょう**。哺乳類を英語で言えたらmammalと、それも出なかったらanimalsと、大きく言ってみるわけです。

英語の勉強というと、とにかく語彙力を高めることばかりが強要され、私たちは学校でこういう発想の訓練を受けてきていないので、最初はできなくて当然です。今後この「1ランクくくりを大きくする」という発想をふだんから常に意識しておきましょう。

「日本語力の壁」

4つ目の「日本語力の壁」とは、そもそも日本語でも意見を言えない、話せないのではないかということです。先ほどの話で言うと、「愛媛って?」と聞かれたときに愛媛について語るネタを持っていないと、そもそも会話ができませんよね。

本書のテーマとはずれますが、資格試験、たとえば英検の二次試験（面接試験）では、「現代教育で歴史の優先度を高めるべきか」などと聞かれます。ふだんからそのことについて考えておかないと、当然ながら英語でも言えません。

といっても、すごいことを言う必要はまったくありません（即興で斬新な意見を言うのは専門家でも難しいでしょう）。資格試験で求められているのは、どれだけ英語をきちんと話せるかです。だからたとえば「優先度を高めるべき」と言った後で、「外国人に日本の歴史を紹介するときに役立つ」などと2～3の理由を付け加える、その程度でよいのです。

話を戻しますが、この壁に対して取れる対策としては、聞かれることを想定して準備しておくことです。具体的には、はじめに状況に応じた「フォーマット（プレゼンのパターン）」を知り、そのフォーマットに入れる内容を作る（ネタを収集する）ことが有効です。パターンを知り、レスポンスを準備しておくと言い換えてもいいでしょう。雑談のフォーマットについては、第2講で詳しくお話しします。

「話せる」までの4つの壁を見てきました。今までこうしたことは少なくとも整理して説明されたことはないはずですから、まずはそうした壁があることを知り、自分はどこでつまずくのか、ここでちょっとだけ考えてみてください。

話せるまでの道のり③
〜スピーキング以後の壁〜

ある程度力がつき、なんとか英語で話せるようになってからも、「あれ、通じないな」と思うことが何度もあります。でも心配はいりません。ここでは「話せる」ようになった後につまずく壁について5つにまとめてみました。最初からそういう壁があることを知っていれば「あれだけ勉強したのに……」と不必要に落ち込むことはありません。

スピーキング以後の壁

1 声量の壁
2 場の空気の壁
3 アクセントの壁
4 発音の壁
5 相手の壁

通じないのは「自分の発音が悪いからだ……」と思いがちですが、実際にはそれだけではなく、さまざまなケースが考えられます。ひとつずつ簡単に見ていきましょう。

声が小さいから伝わらない!?

1はわかりやすいと思います。声が小さいということですね。これは見落とされがちですが、「通じないのは単に声が聞こえなかっただけ」ということは非常によくあります。

シンガポールで1時間カフェにいると、“Pardon?” “What?” “Sorry?”といったような言葉がしょっちゅう聞こえてきます。シンガポール人同士でも通じていないわけですね。ちなみに“Sorry?”は「ごめん、もう一回言って」という意味の、とても便利な表現で、後ほどまとめます。また、別のときには隣の席でカップルがずっと手をつないで愛を語り合っていたのですが、彼らも2回“Sorry?”と言っていました（ちなみに私は日本のマクドナルドのドライブスルーで「チーズバーガー2つ」と言ったら、「てりやきマックバーガー3つですね」と言われた男です。日本語が通じないことももちろんあるわけです）。

2の「場の空気の壁」は、言った言葉がその状況にとって適切な語句ではないから通じないというもの。いきなり状況にそぐわない語句を使って何かを説明されても相手が理解できないわけです。

日本語でも同じです。たとえばふだんの何気ない会話の中でいきなり「左フック」という言葉を出しても、おそらくポカンとされますよね。格闘技の話をしていれば左フックという言葉は自然に入ってきますが、格闘技とはまったく別の文脈の話でいきなり「左フックが……」と格闘技にたとえても通じない、そういう至極単純な話です。

発音は「きれいか否か」ではない

3がアクセントの壁、4でようやく発音の壁です。私は発音よりもアクセントが重要だと思います。アクセントについては「スピーキング以前の壁」のところでも触れました。そこでは「聞き取れない」原因のひとつはアクセントの知識不足、という話でしたが、ここでは皆さんが英語を「話した」ときに通じない原因もアクセントにあるということをお伝えします。

日本語で使われている言葉を例に考えてみましょう。たとえば世界中に店舗があるハンバーガー・チェーンの「マクドナルド（McDonald's）」は、Doの位置にアクセントがあります。「マク**ダ**ナルド」のように、想像以上に「ダ」を強く言わないと通じません。また、日本の娯楽文化で、日本語がそのまま海外でも使われている「カラオケ（karaoke）」は、日本語とは違ってOの部分にアクセントがあります（「カラオーキ」と、発音も少し変わるものの、通じない原因はアクセントにあると思います）。

そして、原因が声量でも場の空気でもアクセントでもなければ、初めて発音に何らかの問題があると考えてください。

ただし、発音について考えだすと私たちはつい、それが「きれいか否か」で考えてしまいますが、**発音はきれいさではなく、「正しいか間違っているか」で考える必要があります**。発音が悪いのではなく、そもそも間違っているということです。

私自身の話ですが、私は外国人への憧れもなく、発音のトレーニングも一切したことがありません。英語の講師としてはもっと努力しろと言われるかもしれません。

しかし、シンガポールでの生活やたくさんの国々を旅行してみて思ったのは、それでも確実に通じるということです。

仕事柄、私は発音記号をほぼ書くことができます。ですから、発音の滑らかさはトレーニングした人に到底かないませんが、正確さに関しては自信があります。だから通じるのだと思います。

もちろんきれいに発音できるほうが格好よく見えます。だから発音を勉強するのは悪いことだとは思いません。ただ、「通じるか通じないか」という観点から考えると、費用対効果がよくありません。マスターするのに膨大な時間と努力が必要なわりには、やらなくても通じるからです（このことは本書の後半でもお話しします）。

少し長くなりましたが、通じないときは発音が悪いという、うまい下手の問題ではなく、そもそも発音自体が間違っているのだということを知っておいてください。

相手に問題があることもある

最後の5の「相手の壁」とは単純な話で、相手がわかってくれないだけ、ということです。

こちらが一生懸命話をしても、堂々と“Pardon?”と言われると、「ああ、通じなかったんだ」とへこみますが、そもそも相手の理解力や対応力に問題があることも多いのです。

余談ですが、海外に行っていていつも思うのは、私たち日本人には「私は悪くない」という図太さがもっと必要だということです。私もたとえばホテルのドアの鍵が回らないだけで、自分のやり方がおかしいんじゃないかと思うタイプなのですが、海外では“This key doesn't work.”(この鍵がおかしいんだ)くらいの姿勢が大事です。

とくにシンガポールで生活していると、宅配便は予定通り届かないこともよくありますし(3日くらい持ってこないこともよくありました)、マンションの管理人とのアポイントで「明日の朝8時に行くよ」とメールが来たのに、夕方に来たりすることも頻繁にあります。

また、マンションの天井高が日本の1.5倍くらいあって、自分で電球を替えられず、いちいち管理人を呼ばなければいけません。それで「ちょっと替えに来て」と管理人にメールすると、“I'm tired today.”(今日は疲れてる)と返ってきて衝撃を受けたことがあります。結局3

回目のメールで「もう家賃を払わないぞ」と脅してようやく来てくれました。
ですから、海外にいるときには多少モードチェンジが必要かもしれません。実際私も海外にいるときは多少凶暴になっていると思います。英語の勉強中は、通じない原因をとかく自分に求めがちですが、自分は何も悪くない、と開き直るくらいのほうがストレスは軽減されるでしょう。

以上が「スピーキング以後」の壁です。これを地図代わりにして、皆さんがそれぞれに、「自分はここが課題なんだな」「こっちへ行けばいいんだな」とわかってもらえればと思います。

「終わらせる」ための勉強法

第1講では、英会話と言われるものの全体像をつかみ、習得までの道のりのどこでどのようにつまずくのか、細かく見てきました。それを踏まえて最後に、効率的な勉強方法の全体像についてお話しします。

勉強方法については第4講でも扱いますが、この項では基本的なことを解説します。

なぜ英会話学習は終わらないのか

先にお話ししたように、英会話を学んでもなかなか話せるようにならない、マスターできないのは、練習量が圧倒的に足りないからです。

「実際の会話で使えて初めて完成」とゴールを定めると、習得には3つのステップがあります。

理解 → 定着 → 実践

英会話のセミナーを受講したり、本を買ったりして、表現などを「理解」する。それを何度も頭にしみ込ませて、0.1秒でその表現が出てくるくらいまで「定着」させる。そのうえで実際の場面で使ってみる、そういう状況を一時的にでも作ってみる「実践」があって初めて、英語は使えるようになっていきます。

当たり前のように感じるかもしれません。でも、これがなかなか難しい。よく「留学したんだけど英会話が上達しなかった」という相談を受けるのですが、その悩みはよくわかります。なぜかというと、相手の言っていることが多少わからなくても、シチュエーションや場の空気でぼんやり理解できてしまい、なんとかなってしまうからです。毎日同じことをやっていると、それなりにできるようになる。でも「できたふう」になっただけで、本当に身についたかというと怪しい。

先ほど「実際の会話で使えて初めて完成」と言いましたが、それが最も難しいわけです。一生懸命表現を覚えて、口になじませていても、実際の会話の場面になるとまったく出てこなかった、といった経験をされた方も多いでしょう。

スポーツにたとえてみましょう。一生懸命練習した技をすぐに試合で使えるでしょうか。サッカーでヘディングの練習をずっとやってきたとします。ヘディングの機会は1試合のうちにそう頻繁には訪れません。しかもその場面は突然やってくる。だからチャンスをモノにするのはなかなか難しいわけです。

英会話の学習もそれと同じです。本書が「サバイバル」と銘打つ以上、ごまかしや偽りなく、英会話学習のリアルをお伝えしたうえで、英会話の世界でサバイブするための最適解を示すことが、著者の責任であり、読者の皆さんにとって本当に役に立つものになるはずだと思っています。

勉強時には常にスピーキングを意識する

次に勉強時の「心構え」について、3点ほどお話ししましょう。

まずはじめにお伝えしたいのは、単語を勉強しているときも、文法を勉強しているときも、**英語を勉強しているときには常にスピーキングを意識する**ということです。メリットは次の3つです。

- **インプットの無駄が減る**
- **意識や集中力が高まる**
- **「何度も繰り返す」重要性がわかる**

たとえば文法を勉強していて、これはどこで使うんだろうと考えてみる。すると自分にとってはさほど重要ではないと思うかもしれないし、逆に非常に大事だと感じるかもしれない。

以前オーストラリアの動物園を訪れたときに、地元のネイティブたちの間で、動物を指して“Beautiful, aren't they?”といった言葉が飛び交っていました。文法用語でいうところの「付加疑問」です。だから付加疑問はじつは大事な文法だとわかる。あるいは、文を2つ言えばいいだけの話ですから、「関係代名詞」は覚えなくてもいいや、といった判断があってもいいでしょう。もちろん使えるに越したことはないけれど、今の自分にはいらないと考えられるかどうか。皆さんの英会話の目的に合わせて少し意識するだけで、インプットの無駄が激減します。

また、次にする話につながりますが、表現をきちんと口に出して覚えようとすると、意識や集中力が高まります。アウトプットをすると思うと、ちょっと本気になりますよね。ふだん勉強しているときも、ただ例文を読むだけではなく、目線を外し、そらでその英文を言えるようになるまでやる練習は効果的だと思います。そうすると、3番目の「何度も繰り返す」ことの重要性もわかってきます。というのは、そらで英語を口にするのは簡単そうに思えて、じつはとても難しいので、何度も繰り返す必要性を心から感じることができるからです。

何も見ずに英語を口にしてみる

2点目の「心構え」は、先ほども少し話した通り、**覚えた英語をそらで言えるかどうかチャレンジしてみること**です。日本語の訳文がつい見えてしまったりすると、それがヒントになって、純粋に「話す力」が養われません。

最初のうちは難しくて、すぐに挫折します。そのときは、英語が出てこないならまず日本語で言ってみてください。そこから英語を考えてみる。つまり、自分で一度日本語を口にすることで、日本文を見たときと同じ効果、すなわち日本語でヒントを与えられたときと同じ効果を得られるわけです。いきなり何も見ないで言うのがきつければ、こういったステップを踏むのもいいでしょう。そして最終的には、そらで英語を口にする練習をしていくと、英会話の瞬発力を鍛えるよいトレーニングになります。

「願望」だけでは続けられない

3点目は英語を勉強するときのメンタル面の話です。

英語を教える先生は基本的に英語が好きで、「願望」で勉強できる人たちです。願望とはたとえば、「ネイティブと流暢に会話をしたい」「字幕なしで洋画を観たい」といったことです。英語を勉強する人もほとんどが願望をベースにしています。でも、願望だけで英語の勉強を続けられる人はなかなかいません。私もできません。

もちろん語学を学ぶことそのものが好きで、楽しくてやっている、という人も多くいるでしょう。それはそれで素晴らしいと思いますし、「願望」をベースに勉強ができるならば、それが理想です。

しかし現実には、願望だけではサボってしまうのが人間の性（さが）です。そこで、**自分にとっての「義務感」を作り出すことで英語の勉強を続ける「仕組み」を作り上げる**わけです。

最近はコンビニの店員に外国人が増えました。私の事務所の近くのコンビニにもスリランカ人の男性が勤務しているのですが、彼は私に会うたびに流暢な日本語で雑談をしてきます。

彼はなぜあんなに日本語がうまいのかを考えるに、やはり日本語ができるかどうかが、文字通りの死活問題であり、「義務」だからですよね。その義務から見事なまでに、彼にとっての外国語である日本語を使いこなしているわけです。

だから逆に言えば、そこまで追い込まないとすぐに語学は上達しません。日本にいて英語をしゃべれないと生活できないことはありませんから、やはり自分を駆り立てる義務感を、自分で作り出す、もしくは義務だと暗示をかける必要があるわけです。

余談になりますが、2年前同僚と観光でモンゴルへ行ったときに、帰りの飛行機の便が欠航するというアクシデントがありました。次の日に大事な取材が入っていた私はとても慌てました。北京までの飛行機は飛んでいたので、英語で現地の航空会社の社員と交渉して北京まで飛んで、そこから東京への便を探したのですが、どの便も満席。

しかしこちらは明日の大事な取材に間に合わせなければならないので、もう必死です。北京の空港で、絶対日本に帰してくれと血眼になりながら英語で中国人と交渉しました。明日の何時までに日本に帰らなきゃいけないんだと。相手の機嫌も気にしつつ、あわよくばファーストクラスへのアップグレードを狙って、でも最悪、どんな席でもいいからと、ひたすらしゃべり倒しました。

それは究極の義務感でした。私はあのときおそらく人生で一番英語を上手にしゃべれたような気がします。本気だったので何を話したのかあまり覚えていないのですが、絶対に明日までに帰らなければならないという思いがあったからこそ、正しく、誤解のないように、流暢にしゃべれたわけです。

これはかなり特殊な状況ですが、英語を学ぶうえでの義務感について、皆さんもそれぞれ考えてみてください。「海外赴任が決まってしまった」「TOEICで700点以上取らないと昇進できない、その結果、家族に迷惑がかかる」など、たとえばそうしたことが考えられるでしょう。ちなみに本書の編集者は、2か月後に1週間のフランクフルト出張（商談）が決まったそうで、勉強するうえでは最高の「義務感」から今ごろ必死に勉強しているはずです。

ともかく、願望ではなく義務感をベースにして学習をすることが、「話せるアタマ」を作る最短ルートにつながるのです。

第1講のまとめ

「自分にとって必要な英会話」学習をする

・効率よく英会話技術を上達させるには、自分が「どこで使うのか」をはっきりさせる
・英会話本の書き手の立場や本の性格を見極めたうえで勉強を始めるべき

「雑談」は英会話のファースト・ステージ

・日常会話こそ難しい。「論理的に物事を伝える」舞台に立つためには、まず雑談ができなければならない

話せるまでの道のりを把握しておく

①スピーキング以前の壁

（話せない以前に聞き取れていない）

→英文を読んでもわからなければ単語や文法のインプット不足、リーディング力不足。英文を読めばわかるならば、リスニング力不足

②スピーキングの壁

→相手の言葉を返せない、反応できないのには「4つの壁」（英語力の壁、瞬発力の壁、発想力の壁、日本語力の壁）がある。自分がどこでつまずいているかを常に確認する

③スピーキング以後の壁

→なんとか話せるようになっても通じないことはよくある。その原因には「声が小さい」「場にふさわしい語句では

ない」「アクセントが間違っている」「発音が間違っている」「相手の理解力に問題がある」といったことが考えられる

無限に続く英会話学習を「終わらせる」ために

- 英語を勉強しているときには常にスピーキングを意識する。そうすることでインプットの無駄が減り、意識や集中力の向上につながる
- 日本語の訳文などを見ずに英語を口にする練習を行う。すると英語が体にしみ込んで、徐々に瞬発力が身についていく
- 「願望」ではなく「義務感」をベースにして勉強する

第2講

「マインドセット」を知る

壁を乗り越える3つのステップ

マインドセット Step 1
とにかく黙らず何か言う

第2講では、英会話の「雑談」におけるマインドセットについて解説します。

「マインドセット」とは人と話をするときの基本的な態度、心構えです。このことを意識するのは、じつは慣用表現を覚えて使えるようになるのと同じくらい大切です。

でも、英会話に対する考え方は学校ではまったくと言っていいほど教えられません。重い荷物を持っている女性がいたとして、“Do you need any help with that?”（お手伝いが必要ですか）という表現は教えてくれますが、その後に雑談すること、ましてそのときに何を話すかまでは教えてくれません。

だから「雑談って英会話でそんなに大事なの?」と思う方もいるでしょう。私もかつては「雑談ができるより、論理立てて言いたいことを伝えられることのほうが大切だ」と考えていました。しかし、**論理立てて自分の主張を言葉にする舞台に立つには、まずは雑談をクリアしなければいけない**のです。

そもそも、雑談は相手との良好な関係を築くためにも、また本題へスムーズに入るためにも、重要なのは周知の通りです。交わす情報そのものは大切でなくとも、それがアイスブレイクになるわけです。そして何より、英語を学ぶ人には異文化に触れたり海外の友人を作ったりするために勉強している人もたくさんいるわけで、人と英語で雑談できることは単純に「楽しい」ことでもあるはずです。

　では、そのためにどういうマインドセットを持てばいいのかを、これからお話ししていきます。

第一の鉄則「黙ってはいけない」

　ほとんどの人は、英語で外国人と雑談をすることをハードルが高いと感じるのではないかと思います。よどみなく話をするにはマインドセットだけでなくテクニックも必要です。

　テクニックは本書の後半で扱うことにして、まずは英会話のマインドセットをStep 1、Step 2、Step 3と3つに分けて、基本から徐々にレベルアップしていく構成とします。この項では最も基本的なStep 1を解説します。

　マインドセットのStep 1、それは「**とにかく黙らず何か言う**」ことです。相手の言っていることがわからなかったり、言いたい言葉が出てこなかったりすると、私たちはつい沈黙してうつむきがちです。しかしそうすると、相手は自分とコミュニケーションをする気があるのか、不安に思います。

ですから、もし相手の言っていることがわからなくても、まず何が聞き取れたのか、何がわからないのか、**こちらの理解度を言葉にして示すことが大切です**。日本語では相手が話している最中に質問すること自体ちょっと気がひけるかもしれませんが、英語ではちょっとでもわからないことがあったらどんどん質問したほうがいいのです。

そのためには、相手の言葉に対するこちらの理解度を示す表現を知っておく必要があります。ですからまずは、理解度に応じた返答の仕方を紹介しましょう。

理解度0 〜 30%

まず、相手が何を言っているのかまったく、もしくはほとんどわからないときです。

理解度0%のとき

Would you speak more slowly?
「もっとゆっくり話してもらえませんか」

Would you repeat that? / Could you say that again?
「もう一度言ってもらえませんか」

Pardon?「なんと言いましたか」

I'm sorry? / Sorry?「なんと言いましたか」

Sorry, I'm lost.
「すみません、理解できませんでした」

まずは、意味は基本的にどれも同じだと考えてください。この中の3つを言えるようにしましょう。なぜ3つかというと、何回も聞き返すときに同じ表現ばかりを繰り返すと印象がよくないからで、3つくらいはバリエーションを持っておきたいところです。

よく知られているのはPardon? です。見落とされがちで意外と出てこないのが、先ほどシンガポールのカフェの話をしたときにも出たSorry? という表現。これはとても便利で、かつPardon? よりも圧倒的によく使われているのですが、なぜか学校では教えてもらえません。「ごめん（何て言ったの?)」というニュアンスです。

細かいことを言えば、上の3つ、"Would you speak more slowly?" "Would you repeat that?" "Could you say that again?"は下の2つより丁寧です。ですから、"Pardon?" "Sorry?" と、これらのうちひとつを覚えておけばよいでしょう。

理解度10～30%のとき

ひとつの単語で引っかかってしまう

lady（女性）と言われてready（準備する）と思ったり、working（働いている）がwalking（歩いている）に聞こえたり、何かひとつの単語でつまずくと、そこで急に言葉が詰まってしまうものです。

その場合は、**わからない単語を上げ調子で繰り返してください**。ladyと言われてreadyだと思ったらそれはそれで構わないので、"Ready?"と聞き返せばいいのです。そうすると、(絶対ではないですが) 人によってはgirlと言い換えてくれることもあります。

これはじつは私たちがふだん日本語でやっていることでもあります。たとえば相手が「最近ヨーロッパのいろいろな国に行ったんですよ。オーストラリアと……」なんて言われたら、「オーストラリア?」と聞きますよね(「オーストリアでしょ?」という意味で)。これと同じように、ひとつの単語で詰まったら、その単語を繰り返すだけで、相手に「ここで詰まっている」というメッセージを送ることができるわけです。

困ったら直球で聞く

理解度を示す表現からは逸れますが、次のような「自分から言葉を教えてもらう」フレーズも便利です。

What does ~ mean?
「~の意味は何ですか」

How should I put it?
「これはどう言えばいいですか」

What should I say in this situation?
「こんなときはなんと言えばいいですか」

What do you call this in English?
「これを英語でなんと言いますか」

What does ～ mean? はたとえば、先ほどのreadyという単語が聞き取れない、もしくはわからなかったとして、そのときに“What does lady mean?”（ladyって何のこと?）と聞けば相手はちゃんと説明してくれるはずです。

2つ目のHow should I put it? は、putという動詞に戸惑うかもしれませんが、このputは「しゃべる」という意味です（putは「言葉を置く」ということから「しゃべる」になります）。もしくは同じような意味で、3つ目のWhat should I say in this situation? という表現もあります。これらは言いたいことが言葉にできないとき、あるいはある状況にふさわしい表現を知らない状況で、相手に正しい英語を教えてもらえるフレーズです。

4つ目のWhat do you call this in English? は、物を示しながら言えば言い方を教えてくれるでしょう。たとえばフライドポテトを指さして、“What do you call this in English?”と言えば“Those are French fries.”というように。

繰り返しになりますが、質問することは何も悪いことではありません。うやむやな理解のまま会話が次第にずれていくほうがよほどまずいです。自分が全然わからないというピンチを、教えてもらうフレーズを持っているだけで、会話を進めるチャンスに変えられるわけです。

半分、またはそれ以上聞き取れたら

次は何の話か半分くらいわかる、または相手が話の内容を半分くらいしかわかっていなさそうなときに使う「確認」の表現です。

理解度40～60%のとき

Do you mean ～?
「～ということですか」

That makes sense? (Does that make sense?)
「通じてる?」

Is that clear?
「言っていることはわかる?」

Do you mean ～? は、相手の話の内容はきっとこういうことだろうなとわかりながらも、それが正しいかどうか少し自信のないときに確かめるフレーズです。

たとえば相手が最近食べたイタリア料理のことを話しているらしいぞ、くらいまでわかったとき、“Do you mean Italian food?” という具合に使います。合っていれば、“That's right.”（その通り）などと言ってくれるでし

ょうし、そうでなければ、どこが間違っているのかを言ってくれるはずです。

That makes sense? は、自分の言葉に相手がわからなさそうな顔をしたときに使えます。Is that clear? も同じ意味です。ほかにも同じ意味の表現はいろいろありますが、これらは単語3つで言えて簡単なので取り上げました。覚えるのはどちらかで構いません。

ただ、こうやって説明するのは簡単ですが、話しているときにこれらの表現をパッと口に出すのは、意外と難しいことです。何度も口ずさんで、会話では常に確認をすることが必要です。

理解度70%以上　答えにプラスアルファをする

How about you?
「あなたはどうですか」

言っていることがだいたいわかるときには、相手に聞かれたことにまずは答えたうえで、意識的に答えにプラスアルファしましょう（この「付け足す」ということについては本講の後半で詳しく説明します）。一番簡単なのはHow about you ? です。

何か質問されて答え終わったら、うまく答えられた安心感からか、私たちはフーッと一息つきがちです。でも必ずその後に"How about you ?"と言いましょう。**相手に話のバトンを渡すのは英会話での基本的なマナーであり、ルールです。**返さないと失礼にあたる、くらいに思ってください。

時間稼ぎフレーズ／はぐらかしフレーズ

また、何か質問されて言葉が出てこないときは、以下の時間稼ぎフレーズが役に立ちます。

時間稼ぎフレーズ

Well. / Let me see.「ええと」

Oh, that's a good question.
「それは難しい質問だね」

Well. やLet me see. といった表現は知っている人も多いと思いますが、ポイントは**「あくまで英語で音を発する」**ことです。慣れないうちは「えー……」「あー……」と発してしまいますが、しゃべる前にひとつでも英語を発する練習を意識的にすると、慣れればその後に英語が出てきやすくなります。英語をとりあえず発することで、英語モードに頭のスイッチが切り替わるわけです。

Oh, that's a good question. も「時間稼ぎ」の表現で

す。本当にいい質問のときに使っても差し支えないですが、基本的にはWell. やLet me see. と同じ役割です。

じつはこの表現は「聞かれたことをはぐらかす」ために使われることが圧倒的に多いんです。たとえば年収を聞かれたときに、"Oh, that's a good question." なんて使えます。私は外国人から「『人見知り』と『顔見知り』ってなぜ意味が違うの?」と言われたことがあります。意味は知っていても意味の成り立ちをその場で説明することはできなかったので、"Oh, that's a good question." を使いました。

ちなみに同じように、はぐらかす表現としては、

It depends.
「時と場合によりけり」

があります。判断に困ったときのセリフです。

あるいは黙るよりはましだということで、もうひとつ押さえておきたいのは、

It is on the tip of my tongue.
「口先まで出かかっているんだけど」

という表現。直訳すると舌（tongue）の先端（the tip）の上（on）にあるということで、「言葉が出かかっているんだけど、なんだったっけな」と言いたいときの

フレーズです。“Well … It's on the tip of my tongue.” という具合です。

これは実際には全然言葉が出てこない、何を言っていいかわからないとなったときに、ごまかすために使ってもいいと個人的には思っています。

また、「時間稼ぎ」ではありませんが、相手の言っていることがわからなかったとき、何を言うべきかわからないとき、何も言うべきことがないときには、話題を変えるという手段もあります。よく知られているBy the way, …(ところで、……)以外に、speaking of which, …(そういえば、……)という表現もよく使います。

「いい質問だね」と言った後どうする?

ところで、Oh, that's a good question.はあくまで時間稼ぎのフレーズです。難しい質問をされて、“Oh, that's a good question.” と一呼吸置いた後、どうすればいいでしょうか。

一番簡単なのは、“How about you?” と、相手に逆に質問することです。ただ、状況によっては使えません。本当にわからなかったら、“I'm not familiar with it.”(それについては詳しくないんです)と言うのも手でしょう。

以前、前に仕事で一緒になったカナダ人から“What Japanese holiday do you like?”(あなたの好きな日本の祝日は何ですか）と聞かれて面食らったことがありました。また、日本の歴史が好きなアメリカ人の女性に、"I like the Heian period. How about you?"（私は平安時代が好き。あなたはどう？）と聞かれたことがあります。どちらの質問も今まで考えたことのないものでしたから、まさに"Oh, that's a good question."を使う場面です。

ではその後どうするか。私なら、「相手を立てて聞き手に徹する」という方法を取ります。後者の「日本の何時代が好き？」という質問に関してならば、"You know a lot."（よく知っていますね）と付け加え、"Why do you like that period?"（どうしてその時代が好きなの？）と返します。そうすると、たとえば十二単（ひとえ）などの衣装が好きなどと、相手が好きなことを具体的に話してくれるはずです。

マインドセット Step 2 気持ちのハードルを下げる／パターンを知って仕込む

何か言われたら「とりあえず何か返す」というマインドセットをご理解いただけたでしょうか。とはいえ、反応の仕方を覚えただけでは、「英語で雑談」には遠いなと感じる人のほうが多いでしょう。

ただ、自問していただきたいのは、本書の冒頭でお話しした通り、日本語でも雑談が上手か、ということです。雑談がうまいのはもはや芸人の域かもしれません。つまり上手と言える人なんて、ほとんどいないわけです。

日本語でもできないのですから、英語でできないのは当然です。まずは心の重荷を取り払いましょう。そのうえで、ある程度の準備をしておこうというのが、マインドセットのStep 2です。Step 2を細かく砕くと、以下の3つになります。

① 気持ちのハードルを下げる
② 雑談のパターンを知っておく
③ 頻出のネタは用意しておく

特別なことを言う必要はない

まずは①です。

話をしようとするとき、何かいいこと、特別なことを言おうとするとたいてい失敗します。ですからまずは気持ちのハードルを下げてください。話す内容は本当に些細なことで構いません。

これは「プロローグ」に記した私の失敗談の教訓でもあります。「お酒でストレスを解消することはある?」という質問に真面目に答えて、相手に引かれてしまった。それはちょっといいことを言ってやろうと思った結果でした。

雑談とはそれ自体に特別な意味があるわけではないので、「ちょっといいこと」を言う必要はありません。

雑談の内容にはパターンがある

次に②です。

雑談はその場で適当なことが話されているように見えて、じつはある程度聞かれること、話すことが決まっています。趣味や週明けの予定、休暇の予定は必ずと言っていいほど聞かれます。

また、雑談の流れにも、とくに初対面の場合は定番パターンがあります。一例は、

あいさつ → 雑談 → By the way, my name is ○○.

というパターンです。

まずはあいさつ。“Nice to meet you.”と言われたら、“Nice to meet you, too.”と返して、少し雑談をした後に、“By the way, ...”と話題を転換して、“my name is ○○.”と自分の名を名乗る。そして“And you are ...”と言えばいいわけです。

よく知られているWhat's your name? はあまり使いません（この表現はちょっと直接的で、いきなり使うと失礼にあたります）。何か雑談をした後に、話が途切れたタイミングで“By the way, I'm ○○. And you are ...”と言ってみる。そうすれば、相手は必ず名前を言ってくれます。

話しかけるハードルは思っている以上に低い

雑談の流れのパターンのひとつとして、逆に自分から話しかけることもあります。海外で何か困ったことがあったり、何か人に尋ねたいことがあったりしたときです。

でも抵抗なく人に話しかけられる人もいますが、多くの人は心理的にハードルが高いと感じるのではないかと思います。そんなときは周囲の状況を利用しましょう。

最も無難なのは天気の話です。雑談で天気の話をするのは日本でも定番ですが、英語だと意外とできないものです。ですが難しく考えず、“Very hot, isn't it?”（とても暑いよね?）くらいで十分です。

またどの電車に乗ればいいのかわからない、道に迷って現在地がわからない、現地料理の食べ方など、困ったときに助けを求めるのも、日本人は苦手です。隣の人に話しかけるという感覚があまりないからです。

でも海外に行くと、些細なことでも話しかけられます。私の経験をお話しすると、オーストラリアでトラム（路面電車）の時刻表を見ていたときに、時間が書かれておらず、Every 10 minutes（10分おきに）とだけありました。それを見て戻ったときに、横の若い女性が話しかけてきました。“It shouldn't be long.”（もうすぐ来るよ）と。

日本的な感覚では、いくら外国人とはいえ、困った素振りも見せなかったわけですから、わざわざ声をかける必要はないのではないかと思ったりもしますが、海外では公共の場で、見ず知らずの人に対しても自然とそうした言葉が出てくるわけです。ですから逆にこちらが話しかけても変な顔をされることはありません。

よく聞かれるネタは絶対用意しておく

③は、「よく聞かれることはあらかじめ何を答えるか用意しておく」ということです。

何度も繰り返しますが、**英会話での雑談には準備が肝**

心です。日本語でも高度な雑談を英語で成立させるために、よく聞かれることはネタとして持っておくと、とても重宝します。この第2講の最後に、その「頻出の雑談ネタ」と「準備の方法」を詳しく説明していきます。

よく考えれば、日本語での雑談でも、なんとなくその場で話すことには枠組みがあるものです（そう突飛なことは聞かれませんし、話題にも上がりませんよね）。日本語でのふだんの会話でも、自分なりにどういう雑談のネタがあるかを考えておいて、ストックしておくのもいいかもしれません。

マインドセット Step 3
“おばちゃん思考”

“おばちゃん思考”とは?

雑談におけるマインドセットのStep 1、Step 2について簡単に振り返っておきましょう。

Step 1は「とにかく何かしら反応する(そのための表現をモノにする)」、Step 2は「気持ちのハードルを下げて、雑談のパターンから逆算して話の準備をしておく」というものでした。

すでにお気づきだと思いますが、黙らないで言葉をつないだり、週末の予定や自分の好きなことを堂々と語ったりするには、日本語で話す自分とは別のメンタリティが必要です。言ってみれば「モードチェンジ」するくらいの意識が大事です。

これからお話しするマインドセットのStep 3は、そういうモードチェンジの具体的な方法、メンタル面での姿勢についてです。それを本書では**“おばちゃん思考”**と名づけます(「おばちゃん」という言葉には語弊があるかもしれませんが、明るく何でも話す、肯定的な意味で使っています)。

おばちゃんたちは聞かれていないことも遠慮なく話しませんか。「どこ行くの?」「ちょっとそこまで」で会話は終わらず、「そういえばあなた○○よね」などと続けてきますよね。

私も先日薬局に行って、「40代からのサプリメント」という栄養機能食品を買ったのですが、そのときに60代くらいの店員のおばちゃんが「あなたには必要ないわよ」と余計なことを言ってきました。「いや、でも食生活もあまりよくないし、サプリメント飲まないと……」と返したら「でもあなた大丈夫じゃない。そもそも40代じゃないんでしょ」とたたみかけてきます。その日は派手なTシャツを着ていたので、「こんなTシャツ着てるけど今年で43歳なんです」と言ったら「あら、そうなの? 見えないわね」とまた返ってきて、そこからも話が止まりませんでした。

こういう、**プライベートに踏み込んでくる、聞かれてもいないことを何でも話すという、その思考が英会話では「普通」なんです**。会話は一度「これって言うほどのことじゃないな」と思って話さずにいると、基準をそこに置いてしまい、次に思い浮かんだことがその基準に満たないからまた話さずに終わって……という繰り返しで、結局終始黙っているということが起こりがちです。日本語でもありませんか。それが英会話だとなおさらそうなります。

でも、何度も繰り返しますが、話す内容は本当にたいしたことでなくてよいのです。余計なことでもくだらないことでもとにかくしゃべる。そのマインドセットを強く意識しましょう。「キャラを作る」くらいの気持ちで、知り合いのあのおばちゃんだったら何を話すかな、と考えてみてください。

“おばちゃん思考”の3つの特徴

そんな“おばちゃん思考”に慣れるために、具体的な特徴を見ていきます。

“おばちゃん思考”の3つの特徴

① 話しかける
② ほめる
③ 余計なことを言う（付け足す）

まずはとにかく自分から、些細なことでも「話しかける」。

次に「ほめる」。日本人がほめ言葉を使うときは、基本的に相手との関係を円滑にするためですよね。そして、ほめられたときには謙遜をする。一方英語圏の人にとって、ほめ言葉は「あいさつ」と同じです。あいさつのように相手をほめるわけです（ですから、ほめられたときに“No.”と言って謙遜すると、せっかくあいさつをしてくれた相手の厚意を否定することになります）。

ちなみにこれは、日本でもおばちゃんだけでなく若い女性同士ではよくやっていますよね。予備校では、会った瞬間に服や髪型を「それ、かわいい〜」とほめている生徒をよく見かけます。ほめられたほうも「ありがとう」「いいでしょ」なんて言っていたりして、これとまったく同じです。逆に男性はしませんが、英語圏では男性同士でも “I love your shirt.” “I love your hairstyle.” といったようなほめ言葉は普通に耳にします。

そして最後に、「余計なことを言う（付け足す）」。これについては次で詳しくお話ししますが、Yes. / No. だけで終わらせず、情報を補足するということです。

男性はこれら3点が苦手な人が多いように見受けられます。自分から話しかけないし、ほめないし、余計なことも言わない。ですが、英語でのコミュニケーションではそれが一番よくありません。最初は難しいかもしれませんが、意識していると徐々に「モードチェンジ」できるようになっていきます。私もそういうことが苦手な日本人男性のひとりですが、英語を話すときだけはかなり意識するようにしています。

何を付け足すか

特徴の3番目は「余計なことを言う（付け足す）」です。私は英会話教材の監修をしている関係で日本人の英会話を観察したことがありますが、“Yes.” “Yes.” “OK.”

“No.” “Yes.” “Goodbye.” で会話が終わることがとても多く見られました。これでは言葉のキャッチボールになっていません。聞かれたことに答えて、さらに情報を足す、そういう意識づけが大切です。

では具体的に何を付け足せばいいのか、以下に代表的なものをまとめました。

point!

①「補足情報」を付け足す
②「感情」を付け足す
③「質問」を付け足す
④「同じこと」を付け足す

①はたとえば、出身を聞かれて “I'm from Yokohama.” で終わるんじゃなくて、“Yokohama is famous for being a chic harbor town.”（横浜はおしゃれな港町として有名です）と付け足してみる。聞かれてもいないことを言ってみるわけです。“Yokohama has a Chinatown with lots of delicious restaurants.”（横浜は中華街でおいしい料理が食べられます）でもいいでしょう。

この「聞かれてもいないことを話す」という発想に、抵抗がある人もいるでしょう。でも英語では、聞かれていないことをしゃべるのは非常に重要なことです（もちろん限度はありますが）。相手や場の空気を「察する」日本の発想と違って、自分のことを積極的に説明するのが当然だという文化だからです。

補足情報として、聞かれたこととは違う情報を付け足す、というテクニックもあります。

たとえば“Do you watch movies?”と聞かれて、映画をあまり観ないならば“No.”で終わらせずに、“I don't (often) watch movies, but I like watching sports.”（映画はあまり観ないけど、スポーツ観戦をするのが好きなんだ）、“I don't usually watch movies, but I saw *Mission: Impossible – Fallout* and it was really interesting.”（普段は映画を観ないけれど、『ミッション：インポッシブル／フォールアウト』を観てとても面白かった）などという具合です。言ってみれば、**相手の質問を自分の土俵に持っていく**、ということです。

②は、何かを報告した後に“I'm happy about that.”などと、あなたの気持ち、自分が思ったことを付け足すことで、話を豊かにする方法です。

小論文でもビジネスでも、事実と意見は絶対に一緒にしてはいけないと言われますし、ビジネス英語でもそれは鉄則ですが、雑談ではごちゃ混ぜで使ってもいいでしょう。

③は単純な話で、How about you? が最も簡単ですが、行った国の話をしていたなら、“Where in France did you go?”（フランスの中でどこへ行ったの?）や“Which (What) part of America did you go to?”（アメリカのどこへ行ったの?）とか、外食した話をしていたのなら、“What's your favorite restaurant?”（あなたのお勧めのレ

ストランはどこ?）といった具合です。

これらは完全に、日本的には“おばちゃん”ですよね。話しかけてくる、それでたとえばお酒の話をしているのに、「お酒といえばね」と今度は別の話をして、「それがひどかったのよ」と「感情」を付け足す。内容に絡めていろいろと「質問」してきたりもしますよね。

その意味で④は少し異なりますが、「相手の言葉」を付け足すのは4つの中で最も簡単なテクニックです。何も言うことがないとき、相手が言った内容のキーワードを、そのまま繰り返すんです。もしパリの話が出てきたら、“Oh, Paris.”と言うわけです。それだけでも、相手の話をきちんと聞いている意思表示になります。

マインドセット ＋α
雑談で気をつけるべきこと

補足的にはなりますが、ここまでお話ししてきた表現やテクニックを無駄にしないためにも、英語での雑談時に注意しておくことをお話しします。

"Where are you from?" は言ってはいけない？

まずはセンシティブな話題についてです。

出身地を聞く表現として中学生でも習う Where are you from? というフレーズですが、**これはお店や観光地、旅行している人以外に言うのは失礼になる可能性があると思ってください。**これをいきなり聞くと、極端に言えば「あなたは部外者ですよね?」くらいのプレッシャー、尋問のような印象を与えてしまうからです。

先に What's your name? の話をしましたが、それと同じで、雑談をした後に、

By the way, where are you from?

と聞くなら許容度が高くなります。もちろん日本に在住している外国人ならば慣れているでしょうが、やはり

あまりじかにこの質問をしないほうがいいでしょう。

あるいは、出身地について聞きたいのであれば、話をしている中で、in my countryといった言葉が相手から出たタイミングで、“Where are you from?” と聞くのは自然です。いきなり聞くのではなく、相手が情報を出すまで待つということです。

また日本に来た理由を聞くときは、whyを使うとあまりに直接的なので、What brought you here? を使うほうがいいでしょう。こちらのほうがやわらかく、よく使われます。直訳は「何があなたをここに持ってきたのですか」です。“On vacation.” とか“On business.”などと答えてくれるでしょう。

さらに、聞きづらい質問については、“May I ask …” を前につけて、たとえば“May I ask where are you from?”とすると、多少丁寧にはなります。これはひとつのテクニックとして覚えておくといいでしょう。

ちなみに正確な文法としては、May I askをつけることによって間接疑問文となるので、May I ask where you are from? という語順になりますが、これに関しては絶対に誤解されませんので、気にしなくても大丈夫です。

foreignerという単語は避ける

「外国人」と言うときに、foreignerという単語は避けましょう。「外の」という響きがあり、これが排他的に聞こえる可能性が高いからです。実際に、うっかり使って少ししかめ面をされたことのある知人もいました。

ですから、people from other countriesやvisitorsのように言い換えるとスマートに響きます。

話せる言語の数を尋ねるのはNG

日本とは違って、スイスのように公用語が複数ある国もたくさんあります。アフリカの国々のように、植民地時代の名残で現地語と公用語が別という国もあります。多くの日本人は日本にいる限りほとんど意識しませんが、何語を話すか、何か国語を話せるかはじつはとてもセンシティブな話題です。

ですから、**How many languages can you speak?（何か国語話せるの？）は聞かないほうが無難です**。「3か国語も話せてすごいね!」という言葉がほめ言葉にならないことも多いからです。

これについては私自身、肌で感じたことがあります。オーストラリアを旅行したとき、タクシーの運転手の英語が明らかにオーストラリア人の英語ではなかったので、少し雑談をした後に、自然な流れでどこから来たのかを尋ねました。彼はソマリア人でした。

「ソマリアって何語をしゃべっているの?」と聞いたら、ソマリ語という言語だそうで、アラビア語や英語も使われるから話せると彼は答えました。そのほかにイタリア語も話せると言っていましたが、その運転手は少しも得意気ではありませんでした。

彼らにとって、複数の言語を使えるというのは、自国が他国に支配されてきた歴史の象徴でもあります。母国で使われる3か国語以外のイタリア語を話せるのも、難民となってイタリアで生活をした経験があるからかもしれません。だからそれは誇ることでも何でもないのかもしれません。

この発想はまだ英語教育界で語られていないことだと思いますので、世間に浸透するのには後何年もかかるでしょう。せめて皆さんにはこういった発想があることを知っておいてほしいと思います。

雑談における3つの「鉄板ネタ」

雑談におけるパターンとして、頻出のものがあると「マインドセットStep 2」にてお話ししました。第2講の締めくくりとして、ここではその中でもとくによく聞かれる3つの「鉄板ネタ」を解説します。

「週末何する？／何してた？」

次の表を見てください。

雑談時の鉄板ネタ

① **週末の話題**
「週末は何する？／何してた？」

② **出身地**
「出身はどこ？」

③ **趣味**
「好きなものは？」

この3つは本当によく聞かれます。
①から順番に見ていきましょう。
"What are you going to do over the weekend?"（週末

は何するの?)、"What did you do over the weekend?"(週末は何をしていたの?) は、How are you ? と同じくらいよく使われると思ってください。日本では週末の予定や週末に何をしたかはあまり聞かれませんし、立ち入って聞きません。だからあまり意識しないし、日本語でもとっさに話せないと思います。

もし週末に特別なことをした(する)のなら答えられます。英会話のセミナーを受講したなら"I attended a seminar (lecture) on English conversation."などと言えますね。でも、毎週末が充実しているわけではないですよね。仕事で疲れて家でゴロゴロしている週末もあるはずです。その場合、

I stayed home all day.
「1日中家にいたよ」

という表現がとても便利です。これはこれでよく使われる、ごく普通の言い回しです。あるいは、

Nothing special. / Nothing much.
「別に何もしてないよ」

でもOKです。

日本ではこれを言ってはいけない雰囲気がなんとなくありますよね。でも、英語ではありません。先に述べた

通り、特別なことを言う必要は何もありません。

ただ、「1日家にいた」「何もしなかった」だけではそこで会話が終わってしまいます。ですからそれに付け加えて、(家で) 何をしていたかを言いましょう。掃除をした、テレビを観た、映画のDVDを観た、などなど。そうしたら何か相手が食いついてくれる可能性があります。「何のテレビを観たの?」と聞かれて、それがたまたまテレビをつけたらやっていた映画で、15分くらい観たものでも構わないのです。そうすると、「映画は好きなの? どんな映画が好き?」「僕もこんな映画を観たことがあって面白かったよ」という具合に話が膨らむ可能性があります。

また食べたものや、行ったお店のことを話してみる手もあります。英語教材の例文を見ると、「新しいメキシコ料理にトライしてみた」「それがどうだった」といったようなことが書いてありますが、そんなにしょっちゅう珍しい料理を食べたり、新しくお店がオープンしたりすることはないですよね。だからたとえば、よく行く中華料理店に行った、そこは安いとか、何がおいしいとか、そのくらいのことでいいのです。「久しぶりにマクドナルドでハンバーガーを食べたよ」でも十分です。

理想は、仕込みのネタとして週末の予定を2~3スラスラ言えるようになっておくことです。以下に週末に何をしたか、ネタとして参考になりそうなものを挙げておきます。些細なことから、ちょっとしたイベントまであります。自分で使えそうなものを選んだりアレンジしたりしてみてください。

・I went to a Chinese restaurant near my house. It was really cheap.

「家の近くにある中華料理店に行きました。とても安かったです」

・I ate at McDonald's for the first time in a long time.

「久しぶりにマクドナルドで食べました」

・I went to a museum with my girlfriend. There's a special exhibit of Chinese calligraphy going on right now.

「彼女と博物館に行きました。今、書道の特別展が開かれています」

・I went drinking with my friends from university. I had a terrible hangover on Sunday.

「大学の友達と飲みに行きました。日曜日はひどい二日酔いになりました」

・I went shopping in Ginza. I bought these shoes. How do you like them?

「銀座に買い物に行って、この靴を買いました。どうですか」

・I got my hair done. How do you like my new hairstyle?

「髪を切ってもらいました。新しい髪型はどうですか」

・I went to a hot spring resort in Gifu. It was really relaxing. I feel totally refreshed now.

「岐阜の温泉リゾートに行きました。本当にのんびりでき、今はとてもさっぱりしています」

・I went to the beach with my friends. Unfortunately, I got a sunburn.

「友達とビーチに行きました。困ったことに、日焼けをしてしまいました」

・I went snowboarding in Nagano. I was really tired and slept in the bus all the way home.

「長野にスノーボードをしに行きました。とても疲れて、帰りのバスではずっと寝ていました」

週の中盤以降は「週末の予定」がよく聞かれますが、その場合はこういった内容の時制をbe going to ～ に変えて表現すればいいだけです。

自己紹介のテンプレートをつくる

続いて②の「出身地」です。

日本人は人前で自分のことを語るのが苦手です。一方、**自分のことをきちんと自分の言葉で語れない大人は未熟であるというのが英米圏の発想です。**

しかし、大事なことなので何度も繰り返しますが、自分のことであれ、特別なことを言う必要はまったくありません。「出身地・家族のこと」などを、きちんと説明できる言葉を常備しておきましょう。

また、出身については先に愛媛県を例に出しましたが、自分の生まれた土地のことを説明するネタは準備しやすいです。土地の特徴、名産品、文化や歴史などが利用できます。ここでは鹿児島県をモデルに解説してみましょう。

鹿児島県は桜島が有名ですね。桜島にある御岳(おんたけ)は活火山で噴火を繰り返しているので、地元のニュースでは天気予報とあわせて降灰(こうはい)情報が出るほどです（それはそれでほかの土地にはない、ひとつの文化です）。また、桜島大根やサクラジマミカンなどの名産品もあります。これらのことを踏まえてモデル文を作ってみると、たとえば次のようになります。

・I'm from Kagoshima.
「私は鹿児島出身です」
・There's a famous island there called Sakurajima.
「そこには、桜島と呼ばれる有名な島があります」
・Mt. Ontake is an active volcano on Sakurajima.
「御岳は桜島にある活火山です」
・It erupts often, so when they report the weather in Kagoshima, they also report on "ash fall."
「よく噴火するので、鹿児島では天気予報とあわせて『降灰』に関する情報も伝えられます」

・Sakurajima daikon radishes and Sakurajima mikans are grown there. Sakurajima daikons are the largest radishes in the world, and Sakurajima mikans are so tiny that they are sometimes called "cherry oranges."

「桜島大根やサクラジマミカンが栽培されています。桜島大根は世界最大の大根で、サクラジマミカンはとても小さく、"cherry oranges"と呼ばれることもあります」

あくまで一例ですので、どのようにもアレンジ可能です。要は自分の出身地とそこで有名なもの、歴史や文化を簡単に説明できれば何でもOKです。

余談ですが、大学入試の自由英作文では、20年以上前から「あなたの地元を紹介してください」という問題が出されています。受験業界ではなぜ出されるのかを説明することはありませんが、じつは「自分のことは言えないと（書けないと）ダメだよ」という大学側（テストの作り手）のメッセージだと私は解釈しています。

「趣味」のハードルを下げる

最後に③の「趣味」です。

「hobby（趣味）」も日本人を困らせる質問のひとつです。私たち英語講師は「hobbyという単語は時間とお金を割くような本気の趣味に対して使われます」というような説明をします。もちろんそれは単語の解説としてはいいのですが、そんな趣味を持っていない人は何を答えればいいのか、と悩みませんか。

しかし、そんなたいしたことを答えなくて構わないのです。**「好き」のレベルを下げましょう**。誰にでも少しは人より詳しいものがあるはずで、そのレベルでいいんです。コンビニのスイーツに詳しいとか、ワールドカップのときだけサッカーが好きだとか、そのくらいのことでいいので、英語で話せるようになっておきましょう。

料理ができる人なら、料理はいいネタになります。あるいは好きな食べ物に関して何か少し掘り下げて説明するのでもいいでしょう。

日本の中で相手を連れていきたい場所や、自分が少し詳しい音楽の話でもいいでしょう。自分なら何を言えるか、単語レベルでいいので書き出してみてください。参考として、以下に「ネタ」となるようなテーマと例文を挙げてみます。

〈料理〉

・I like to cook.「料理するのが好きです」

・I like to bake.「パン作り・お菓子作りが好きです」

※bakeは「パン作り」も「お菓子作り」もどちらも指します

・I like to make *takikomigohan*. *Takikomigohan* is rice cooked with chicken, vegetables and mushrooms.

「炊き込みご飯を作ることが好きです。炊き込みご飯は米と一緒に鶏肉、野菜とキノコを炊き合わせたものです」

・Have you ever tried it?
「食べたことありますか?」
・Cheesecake is my specialty.
「チーズケーキが私の得意料理です」
・I like to make curry.
「カレーを作るのが好きです」
・I take cooking lessons once a week.
「週に一回、料理教室に通っています」
・My favorite kind of food is ramen. There are so many different kinds of ramen in Japan. I'd like to take you to my favorite ramen shop when you have time.
「一番好きな食べ物はラーメンです。日本にはたくさんの種類のラーメンがあります。お時間があるときに、ぜひ私のお気に入りのラーメンの店に連れて行きたいです」

〈芸能〉

・I like to watch Japanese movies.
「邦画を観るのが好きです」
・I like to watch Western movies.
「洋画を観るのが好きです」
・My favorite actress is Kasumi Arimura. She starred in the NHK morning drama, *Hiyokko*. I think she's really cute.
「有村架純という女優が一番好きです。NHKの朝ドラ『ひよっこ』で主演しました。本当にかわいいと思います」

・My favorite actor is Benedict Cumberbatch. I liked his performance in *The Imitation Game*.

「一番好きな俳優はベネディクト・カンバーバッチです。『イミテーション・ゲーム／エニグマと天才数学者の秘密』での彼の演技が気に入りました」

〈漫画〉

・I like to read *manga* and watch *anime*.

「漫画を読むのとアニメを観るのが好きです」

・There are lots of weekly manga magazines in Japan.

「日本には週刊漫画雑誌がたくさんあります」

・I always read *Magajin*.

「私はいつも『マガジン』を読みます」

・These days I usually read it on my Kindle.

「最近はKindleで読むことが多いです」

・I also like the manga *ONE PIECE*.

「『ONE PIECE』という漫画も好きです」

・I have all of them at home.

「家に全巻あります」

〈旅行〉

・I have been to England, South Korea, Kenya, and Sweden.

「私はイングランド、韓国、ケニア、スウェーデンに行ったことがあります」

・In South Korea, I went shopping, got a massage and ate lots of Korean food. South Korea is really close to Japan, so it is convenient to go there.

「韓国では、買い物をしたり、マッサージを受けたり、韓国料理をたくさん食べたりしました。韓国は日本にとても近いので、行くのに便利です」

・I want to go to New Zealand next. If possible, I'd like to stay on a farm when I go there.

「次はニュージーランドに行きたいです。できれば、そこでファームステイ（農場や牧場に滞在すること）をしたいです」

・What countries have you been to?

「どの国に行ったことがありますか」

〈お酒〉

・I like to drink.「お酒を飲むのが好きです」

※alcoholという言葉を使わなくても、「アルコール」のことだとわかります

・I like to drink beer. My favorite beer is Asahi Super Dry.

「ビールを飲むのが好きです。一番好きなビールは、アサヒスーパードライです」

・I usually drink *happoshu* at home. It's like beer but it's cheaper.

「ふだん家で発泡酒を飲んでいます。ビールに似ていますが、ビールより安いです」

・I like to drink *shochu*. *Shochu* is a Japanese alcoholic drink made from potatoes or barley. It usually has about 25% alcohol.

「焼酎を飲むのが好きです。焼酎は日本のお酒で、芋か麦からできています。度数はだいたい25%です」

・*Shochu* is a bit like whiskey or vodka.

「焼酎はウイスキーやウオッカのような飲み物です」

・I like to drink cocktails.

「カクテルを飲むのが好きです」

〈スポーツ観戦〉

・I like watching sports on TV.

「テレビでスポーツを観るのが好きです」

・I like watching baseball games at the stadium.

「スタジアムで野球の試合を観るのが好きです」

・My favorite team is the Rakuten Eagles. Most of my friends are Lions fans, so we always argue about baseball.

「一番好きなチームは楽天イーグルスです。友人のほとんどはライオンズファンなので、私たちはいつも野球について言い争っています」

・My favorite player was Masahiro Tanaka, but he went to play in America a few years ago, so now I can only watch him on TV. Someday I want to go to New York to watch him play.
「一番好きな選手は田中将大でしたが、数年前にプレーの場をアメリカに移しました。そのため、今はテレビでしか彼を見ることができません。いつかニューヨークに行って、彼がプレーしている姿を見たいです」

雑談時に押さえておく3つの鉄板ネタは、ここで説明したことをそれぞれにアレンジして、聞かれたときにパッと言えるよう準備しておきましょう。そうすれば、相手と話すときの心持ちもずいぶんと変わってくるはずです。

第2講のまとめ

マインドセット Step 1

「とにかく黙らず何か言う」

・英会話では黙ってしまうのが一番のNG
→相手の言葉の理解度に応じた返答をマスターする
→困ったら自分から言葉を教えてもらうのもあり
→時間稼ぎフレーズやはぐらかしフレーズを駆使する

マインドセット Step 2

「気持ちのハードルを下げる／パターンを知って仕込む」

・特別なこと、ちょっといいことを言う必要はまったくない
・海外では人に「話しかける」のは当たり前。話しかけるハードルは日本人が思っているよりはるかに低い
・雑談の内容（とくに初対面の場合）にはパターンがある。よく聞かれるネタは常備しておく

マインドセット Step 3

"おばちゃん思考"

・"英会話モード"にチェンジするためにわかりやすいのが「おばちゃん」の気質。聞かれてもいないことでも話す姿勢が英会話ではスタンダード
・"おばちゃん思考"の3つの特徴
①話しかける
②ほめる
③余計なことを言う（付け足す）

・何を付け足すか→補足情報（自分の土俵に持っていく）、感情、質問、相手の言葉（を繰り返す）

マインドセット ＋α

・Where are you from? は失礼になる可能性がある。いきなり聞くのではなく、できるだけ相手が情報を出すのを待つ
・foreignerという単語は排他的に聞こえるため避ける

雑談の3つの鉄板ネタはテンプレートを仕込んでおく

・週末の話題（週末何をするか／何をしたか）
・出身地、職業
・趣味（好きなこと）

第3講

「テクニック」を使いこなす

今すぐ使える万能の表現

How are you? と
そのバリエーション

第3講からは、前講までの「マインド編」を踏まえた「テクニック編」です。

ただしテクニックとは裏ワザのようなものではありません。ふだんネイティブが使っている表現や技術を、私たち日本人も使いこなせるようになろうというものです。

「どうしてそんな言い方をするのか」が大事

そのためにどうアプローチするかが大切なのですが、本書では「どうしてそんな言い方をするのか」、言い換えれば、表現の背景にある発想をできるだけ解説していきます。会話で使われる慣用表現をひとつひとつ理屈で考えていくことは、一見遠回りに感じるかもしれません。でも、丸暗記したものはすぐに忘れてしまうものです。表現を「理解して」頭にしみ込ませるように覚えることは、記憶の定着にも威力を発揮します。

そこで、この項の本題に入る前に、「慣用表現とはそもそもどういうものか」「どうアプローチしてモノにするか」を知っていただきたいと思います。一例を挙げてみましょう。

次のやり取りは*The Pianist*という、日本でも2003年に公開されて、カンヌ国際映画祭で最高賞を受賞した映画『戦場のピアニスト』の原作作品の一節です。

ナチスの兵隊：What do you do for a living?
主人公：I'm a pianist.

この兵隊の言葉は、ふだんの会話ではfor a livingを省略してWhat do you do? と言われることのほうが多く、実際に映画ではそう言っていましたが、このWhat do you do for living? は、「お仕事は何ですか」という意味です。for a living（生きるために）とつけるとより意味がはっきりします。

前著『サバイバル英文法』でも扱いましたが、この表現が「お仕事は何ですか」になるのは、doが現在形であるところがポイントです。現在形はその名が表すイメージとは裏腹に、その行為が現在だけでなく「過去・現在・未来」に繰り返し起きることに使われ、言ってみれば「過去・現在・未来形」なんです。

つまりWhat do you do? とは「あなたは昨日も、今日も、明日も何をする人ですか」ということで、そこから「お仕事は何ですか」になるわけです。

このシーンは、ある有名なユダヤ人ピアニストが、生きるために自分のプライドを失い、物乞いに身を落とすかのごとく缶詰を開けるのに必死になっている場面なのですが、ナチスの兵隊に見つかって尋問されたときに、こう聞かれます。そこで主人公が、“I'm a pianist.” と答えるわけです。そのときに、「ああ、自分はピアニストだったんだ……」と、本来の自分を取り戻していくクライマックスへと続いていきます。こういう場面でもWhat do you do? が普通に使われているわけです。

まずはこうした慣用表現を、丸暗記するのではなく、一度自分の中で納得をして覚える。そして映画や実際の会話で観たり聞いたりして、「ああ、なるほど」と思う。そうすると、心への響き方、頭への定着の仕方がまったく変わってくるはずです。

How are you? を侮るなかれ

では本題に入りましょう。

中学英語ではじめに習う表現のひとつがHow are you?（調子はどう?）です。基本中の基本ですね。でも**このHow are you? という表現、ばかにできないくらい大切なのです。**

How are you? は実際の会話ではさまざまに変化します。そのパターンを以下にまとめてみました。答え方は同じなので、聞かれたときにフリーズしないように「こういう表現もあるんだな」くらいに眺めてください。

How are you? のバリエーション

How are you doing?

How's it going?

How's everything going?

How are things going (with you)?

大きく意味は変わりませんが、少しだけ違いを見ていきます。

How are you doing? はdoingがくっついただけですね。「どのように（How）活動して（do）いますか」＝「調子はどう?」です。

How's it going? のitは「状況のit」と言われるものです。「どのように（How）状況は（it）進んで（go）いますか」から「調子はどう?」となるわけです。このように相手そのものではなく相手の周りの状況を聞くパターンもあります。

How's everything going? はそのitがeverything（すべてのこと＝万事）に変わっただけです。goingを省略したHow is everything? や、そのeverythingをthingsにしたHow are things? も同じです。

さて、よく会う相手にはHow are you? でOKですが、久しぶりに会った相手に対しては、このHow are you? を現在完了形にします。

最近どう？（How are you? の現在完了形）

How have you been?

How have you been doing?

現在完了形は「過去のある一点から今まで」を示す時制ですから、「前回会ったときから今まで」の調子を尋ねるのにピッタリなのです。

否定形なのに「絶好調」？

How are you? と聞かれたらほぼ自動的にI'm fine, thank you. という答えが浮かぶ人も多いでしょう。それでもいいのですが、もちろんほかにも言い方があります。

It couldn't be better.	「絶好調だよ」
Good.	「いいよ」
Not bad. / So-so.	「まあまあかな」
Not good.	「よくないね」

テンション高めの返答のIt couldn't be better. は否定形になっています。なぜ否定形なのに「絶好調」という

意味になるのでしょうか。

betterはgoodの比較級ですね。比較級があるのは、後ろにthan ～が省略されているということです。何と比べているのかというと、「今」。

つまり、以下のようなイメージになります。

It couldn't be better than now.

直訳すると「今（の自分）よりもいい状態なんてあり得ないよ」で、後ろのthan nowが省略されて、It couldn't be better. になるわけですね。Couldn't be better. と、Itが省略されることもよくあります。

聞かれたら必ず"And you?"

How are you? は、話しかけるきっかけとしてじつによく使われます。シンガポールでマンションを清掃している女性から"Good morning, how are you?"、オーストラリアの空港のチェックインで"How are you?"、現地のタクシードライバーからも"How are you?"、アメリカのディズニーランドでもキャストからしょっちゅう"How are you?"です。人に会ったらHow are you? というくらい、めちゃくちゃよく使われます。

それに対する答え方は前述の通りですが、その返答の後には**必ず"And you?"と聞き返しましょう**。

何を当たり前のことをと思われるかもしれません。「聞かれたら聞き返す」は最も基本的なマナーです。しかし日本人はこれが意識づけられていないのです。英会話学校で英語を教えているカナダ人女性に、“How are you?”と聞かれて、“Good. Thanks. And you?”と返したところ、彼女はとても喜んでいました（このGood, thanks. And you? というのが私の思う一番ラクな答え方です）。彼女が勤める英会話学校の生徒は誰も聞いてくれないのだそうです。時間とお金をかけて熱心に英会話学校に通っている人であっても、And you? を見過ごしがちだということです。

英会話に慣れている方からは、「ネイティブ同士では必ずしも“And you?”と返していない」と言われるかもしれませんが、それはネイティブ同士の慣れや会話のスピード感がなせる業です。ですから私たち日本人は“And you?”をつけたほうがよいコミュニケーションができるはずです。

whatで聞かれたらこう答える

ネイティブはHow are you? やそれに類する表現、要はhowを使う以外のあいさつもしてきます。それはwhatを使う表現です。**whatを使う場合、howを使うあいさつとは答え方が全然違います**ので、あわせて見ておきたいと思います。

What's new?

What's up?

いずれも「何か変わったことあった?（最近どう?）」という意味で、少しカジュアルな表現です。

ちなみに、What's up? のupは、何もないところから「ポンと上に出てくる」イメージです。だから「何が出てきた?」＝「何かあった?」になるわけです。

What's new? あるいはWhat's up? と言われたら、何かあったことを話さなきゃと焦るのが私たちの心理です。しかし本書の第2講でお話ししたように、いつも何かがあるわけではない（というか普通は何もない）ですから、何もないときの答え方を以下の表にまとめました。上からざっと眺めてください。ひとつ目はnotを使っていますが、だいたいはnothingを使って答えれば大丈夫です。

「とくに何も」と言うときの表現

Not much.

Nothing.

Nothing much.

Nothing special.

Nothing in particular.

Nothing special. やNothing in paticular. あたりが使えると少し気取れますが、発音のハードルが低いのはNothing much.です（specialやparticularはlなどの発音が難しいので）。

そしてもうおわかりの通り、これで止めてしまうと感じが悪いですよね。ですからたとえば、“Nothing much, but I went to a Chinese restaurant in Shinjuku.”（とくに何もないよ。でも新宿の中華料理店に行ったよ）というふうに、何かひと言付け足しましょう。何でもいいです（身も蓋もないことを言うと、相手もそこまで興味はないです）。そして“How was it?” なんて返ってきたら“It was delicious.”や“Not bad.”などと返す。これだけで立派な英会話です。もし相手が自分の言ったことに興味があれば何かしら聞いてきて、それはそれで盛り上がるでしょうし、普通の反応だったら、“By the way, …”と言って、話題を変えればいいわけです。

大切なのは、**Nothing much, but …まではワンセット**だということ。ここが難しいところで、やはり最初は詰まってしまいます。だから常に何かネタを準備しておく、そういう意識があるといいでしょう。

もし思い浮かばなければ**「時間を意図的にずらす」**方法もあります。“What's new?” と聞かれて、たとえば“Nothing much, but I'm going shopping tomorrow.”（とくに何もないよ。でも明日買い物に行くんだ）と、未来のことを言ってみる。

このテクニックはいろいろなところで使えます。たとえば第2講で紹介した「週末の話題」も、“What did you do over the weekend?”と言われたら、“Nothing special, but next weekend I'm going to see a movie.”（とくに何もしてないよ。でも来週末に映画を観に行くんだ）と返す。これはこれでコミュニケーションは十分成立しています。過去のことを聞かれて現在や未来のことを答えるテクニックは、ひとつの発想として頭の片隅に入れておくと便利です。

久しぶりに会った人には

最後に、久しぶりに会った人に対するほかの表現も見ておきましょう。

What are you up to these days?
「最近、どう?」

この英文、どこで区切るかわかりますか。やりがちなのはWhat are you upとto these daysのように切ってしまうケースです。本当はWhat are you up toで切れる、つまりup toがセットです（these daysはなくても構いません）。

up toは「到達点」を表します。“Count up to 10.”なら「10まで数えなさい」。空港の搭乗口案内に「B-1からB-12はこちら」と書いてあって、“up to 7 minutes”とあったら「最大7分」という意味です。あるいは海外へ行くと、お店に“Up to 50% off”と表示されていることがありますが、これは「最大50%オフ」ということです。

up toの「到達点」という意味から派生して、意識における到達点と考えると、この表現を理解できます。つまり、これをやってやろうという意識が到達する、ということで、ここでのbe up toは「〜しようとする」という意味になります。映画で、“What's he up to?”（あいつ、何たくらんでやがるんだ）と字幕がついていたりします。

もちろん無理に使わなくてもいいですし、いいなと思ったら使えばいいと思います。ただ、繰り返しになりますが、言われたときにわからないと、会話の最初の段階でつまずいてしまうので、注意したい表現です。

あいづちを攻略する①

英会話のマインドセットとして、「とにかく何かしら反応する（黙ってはいけない）」ということをお話ししました。これからお話しするさまざまな**「あいづち」の慣用表現は、沈黙から会話を救ってくれる救世主です。**

あいづちのバリエーションを知っておく

あいづち表現を知らないと、Yes. やReally? を連呼してしまうことになります（Really? は連呼してはいけません。何度も使うと話を疑っているのかと思われます。日本語で使う「本当に?」より少し重いのです）。また、意味を理解せずに丸暗記をするとあいづちはワンパターンになりがちです。

英語はバリエーションを好みます。一度使った単語は次に出すときはあえて別の単語で言い換えますし、メールの文面でも、Hello. が次の返信ではHi! に、Sincerely yours がSincerely に、Regards がBest regards になることもあります。とにかく言い換えるのが彼らの文化です。

それはあいづちも一緒です。ですから、いくつかのパターンを知っておくことがとても大切です。

point!

英語はバリエーションを好む
あいづちも同じ、だからこそパターンを知っておく

一番簡単なのはRight. でしょう。ネイティブのインタビューを聞いていると、Right. はよく使われています。学校で私たちはrightを「正しい」と教わるので、話している相手に向かって「正しい」と合いの手を入れるのは失礼なのではと思うかもしれませんが、これはただのあいづちとして使われています。

また、あいづちは何も単語や短いフレーズだけではありません。文であいづちを打つと、かなりこなれた感じになります。たとえば、

That sounds exciting.
That sounds great.
That sounds good.

このような表現を聞いたことがあると思います。これらをあいづちだと意識している人はほとんどいないと思いますが、あいづちとして使ってみると、一気に会話らしくなります。ぜひお試しあれ。

Yes.の代わりになるあいづち

そんなあいづちを5つのカテゴリーに分けて見ていきます。まずはYes.の代わりとなるあいづちです。

Yes.の代わりとなるあいづち

You can say that again.「まさにその通り」

I see.「なるほど」

Kind of. / Sort of.「ちょっと・まあね」

Yeah.「そうだよ」

Yup!「そうだよ!」

Sure.「いいですよ・もちろん」

Of course.「もちろん」

That makes sense.「なるほど」

例によって全部覚えなくても大丈夫です。理想としては、3つ覚えて使い回していって、それが定着したらさらに3つ足してみる、くらいのイメージでいいでしょう。

You can say that again. の直訳は、「(私の代わりに)もう一度それを言える」、だから「その通り」となります。「自分もそう思っていたんだよ!」と言いたいときに、Yes! と言うのはちょっともどかしいですよね。そういうときはYou can say that again. の出番です。

Kind of. / Sort of. は「程度を抑えたYes」です。kind (sort) ofは「一種の」という意味ですから、そこから「まあ、そうだね」「イエスと言えばイエス」くらいのニュアンスになります。

やり取りの具体例を2つほど見てみましょう。

A：Melanie, do you like Paul?

B：Sort of. He's nice, but sometimes I think he's a bit strange.

"Do you like Paul?"（ポールのこと好き？）と聞かれて、"Sort of."（まあね。好きっちゃ好きだよ）と。そこから"He's nice, but ..."と、「彼っていい人だよね、でも時々ちょっと変なところがあるよね」というやり取りです。

A：Do you like animals?

B：Kind of.

"Do you like animals?"（動物は好き？）と聞かれて"Kind of."、つまり大好きではないけれど、好きは好き、ということです。見たり触ったりするのは好きだけど、飼って面倒を見るほどではないかな、くらいの好きの程度です。

この気分はたとえば以下のように続けてもいいでしょう。

I like to play with them. But I don't like taking care of them.

ここでのanimalsはcatsやdogsが想定されていますが、猫や犬と遊ぶのは好きだけれど、散歩や糞（ふん）の処理は面倒くさいよね、という感じです。

さて、ここで一工夫を加えたいのですが、大切なのは便宜的に示した訳をそのまま覚えるのではなく、**ニュアンスをしっかり理解しておく、そのうえで、ふだん自分が使う言葉に落とし込んでおけば身につきやすく、パッと出てきやすい**ということを知っておいてください。

たとえば「程度を抑えたYes」を伝えたいとき、皆さんは日本語でふだん何と言っていますか。「まあね」「そうかも」「ありだね」のように、それぞれにあると思います。その言葉で覚えておきましょう。You can say that again. も、「それそれ!」でも「超わかる」でも何でもいいんです。

余談ですが、一度バラエティ番組の企画で、英語がまったくできない若い女の子3人に、1か月で英語での接客ができるように私がレッスンをすることがありました。そのときに、第2講で紹介したIt depends. の話をしたところ、彼女たちはふだんの会話で「時と場合によりけり」なんて使わないので、全然ピンときていませんでした。そこで、「そういうことっていつもなんて言ってる?」と尋ねたら、「ワンチャン」と言われたんです。

彼女たちにとって、“It depends.” は「ワンチャン」。それでいいのです。それで彼女たちはIt depends. をマスターし、実際に接客するときにも使うことができました。

Yeah. とYup! は少しカジュアルなYesです。Yup! は学校では習いませんが、アメリカ人はよく使います。最後のpは息を出さずに「ヤッ」と聞こえるので、知らないと最初は何を言っているのかなと戸惑う表現です。

最後のSure. とOf course. はおなじみですね。That makes sense. は、直訳の「それは意味を作る」から「意味をなす」となり、「筋が通る・なるほど」という意味になる、非常によく使われる表現です。とっさの場面で口をついて出るように、意識してみてください。

No. の代わりになるあいづち

Yes. の次は、No. の代わりとなるあいづちも見てみましょう。

No. の代わりとなるあいづち

No way.
「とんでもない」

I'm not sure.
「ちょっとわからないんですが」

I have no idea.
「さっぱりわかりません」

How should I know?
「そんなこと知らないよ!」

No way.（とんでもない）は本当によく使われます。wayは「点」や「方法」という意味で、「どんな点でも違う」、だから「とんでもない」という意味になるわけですね。No. の強調、No. では足りないときに、日本語でふだん自分はどう言っているか、ちょっと考えてみてください。

これもやり取りの一例を挙げておきましょう。

A：Do you want to see a movie with me?
B：No way!

「僕と一緒に映画観に行きたくない?」と聞いて、この場合は「絶対いや」とか、若者言葉なら「マジあり得ないし」といったニュアンスです。

次です。言葉を濁したいときや聞かれたことに対して詳しくないときには、I'm not sure.（ちょっとわからないですけど）がよく使われます。I don't know. と言いたくなるところですが、投げやりな印象を与える可能性があるので、なるべく避けましょう。また発展として、I'm not sure but ... と、「わからないけど……だと思うよ」とひと言付け加えられると完璧です。少し申し訳なさそうに言うとさらにいいでしょう。

次。I have no idea.（さっぱりわかりません）は、言い方によってはきつい印象を与えますし、やはり投げやりに聞こえかねません。ですからこれも後ろにbutをつけて、何かしら自分の意見を言えばよいでしょう。

How should I know?（そんなこと知らないよ）は、映画を観ているとよく出てきます。古文で言うところの反語、英語で言うと「修辞疑問文」というものです。「いったいどうやって知るべきなのか」＝「そんなこと知らないよ」ということです。

あいづちを攻略する②

Yes.とNo.の言い換え表現をいろいろと見てきましたが、あいづちはYes.とNo.だけではありません。ここからは、それ以外のあいづちについて見ていきましょう。

「わかった」と言いたいときには

まずは相手の言ったことを「了解」するあいづちです。

了解するときのあいづち

I got it.
「わかった」

まずはこれを使いこなせるようにしましょう。got itの発音はよく本に「ガリ」と発音すると書いてありますが、gotとitがくっついて「ガティット」、さらに濁音化して「ガディット」、そしてitの t が飲み込まれて「ガディッ」と考えるほうが納得がいくかと思います。

そしてこのitは「話の要点」のことで、「私は要点を理解しましたよ」から「わかった」になるわけです。I've got it. と時制が変わることもありますが、意味は一緒です。

このI got it. はとても簡単に見えますが、いくつか発展する内容を含んでいるのであえて取り上げました。

また、時制が現在形に変化して、I get it. になることもあります。これは厳密に言えば、

(Now) I get it.

と、Nowが省略されています。つまり、過去と違って今は理解したよと強調したいわけです。「今やっとわかりました（説明を受けて、やっと理解できました）」ということです。

少し話は逸れますが、nowはなんとなく使いがちで、I'm reading a book now. などと言いそうになりますが、現在進行形になっている時点で現在の話なのは明らかなので、逆に不自然です。じつはnowを使うのは「さっきは〜だけど、今は」と強調したいときです。たとえば私が授業を始める前に雑談をしていて、「あ、そろそろ始めないと」と思ったときに、"Now let's get started." という感じで使います。これにより「雑談はおしまい。さあ今からは切り替えていこう」というニュアンスが出せるのです。

そのくらいnowはポイントとなる単語です。ガラッ

とテンションを変えたいとき、「今」を強調したいときにnowを使うわけです。

前著『サバイバル英文読解』でも扱いましたが、長文を読むときにもnowは役に立ちます。nowが出てきたらその前に過去のことが書かれているからです。過去はこうだったけれど、今は（now）という内容で使われるわけです。

話題を変えるときのあいづち

次に「話題転換」に使われるあいづちです。

話題転換のあいづち

By the way, …
「ところで、……」

Come to think of it, … / Speaking of which, …
「そういえば、……」

By the wayは前講にも出てきましたが、雑談の後、本題に入るために使えます。話が詰まって、この話題は話が尽きたなと思い話題を展開したいときにも使います。Come to think of itとSpeaking of whichは見慣れないかもしれませんが、実際の会話ではよく使われますので、覚えておくととても便利です。このwhichは関係代名詞で前の内容を受けるものです。本来は「その内容に関して話すと」で、そこから「そういえば」となりました。

そのほかのあいづち

また、これも第2講で紹介したので一部繰り返しになりますが、話の間を埋めるための表現をまとめておきます。

間を埋めるためのあいづち

Well / Let me see / Let's see「えーと」

you see / you know「いいかい・～だよね」

前にお話ししたことに付け加えて言うならば、これらは複数続けて使われることもよくあります。Well …let me see … といった感じです。

you seeやyou knowは、直訳すると「あなたもわかる（ように）」「あなたも知っている（ように）」で、そこから「ほら、あれだよ」となり、さらにたいした意味も持たずに使われるようになりました。日本語の「えーと」同様、あまり連発するのは好ましくないですが、ネイティブにも口癖になってしまっている人がたくさんいます。

最後に、そのほかのあいづちについてもまとめておきます。あくまで参考程度に、余裕があれば押さえておきましょう。

そのほかのあいづち

I mean「つまり」

Say, …「あのね」

uh-huh「はい・ええ」

hmm「ふーん」

uh-oh「まずい・やばい」

you bet「もちろん」＝ of course

OKの多様な言い方をマスターする

OKの言い方にもいくつかのバリエーションがあります。括弧の中に、それぞれに対する簡単な説明を付しています。

さまざまな「OK」の表現

Sure.（定番の表現）

By all means.
「遠慮なくそうしてください」という意味

Go ahead.
直訳は「どうぞあなたの行動を"前へ進めて"ください」

Why not?
反語。「なぜ〜しないことがあるだろうか」→「もちろんOK」

Certainly.
「確実に」→「確実にOKだよ」

No problem.
何か頼まれて、軽く引き受けるときに使う

With pleasure.
「喜んで」というニュアンス

(You can) Be my guest.
「どうぞお客さんでいてください」→「なんなりとどうぞ」

いずれも許可や賛成のフレーズですが、3つほどピックアップして見てみましょう。

By all means. は、直訳は「すべての手段を用いて（でもあなたの要望に応えましょう）」ということです。meansは「手段」という意味です。Sure. と言うのに慣れてきたら、Sure. より少し仰々しいBy all means. を使えるようにしてみましょう。

A：May I use your phone?
B：By all means.
「電話を借りてもいいですか」
「ぜひどうぞ」

といった具合に使われます。

Go ahead. は「お先にどうぞ」、または許可・賛成を表す表現です。

A：I'm going to talk to Paul about the party.
B：Go ahead.
「ポールにパーティのことについて相談します」
「（どうぞ）そうしてください」

Be my guest. は見慣れないかもしれません。直訳すると「どうぞお客さんでいてください」ですが、そこから「なんなりとどうぞ」となるわけです。

ちなみに発展的な話をすると、Be my guest. には3つの意味があります。

Be my guest. の3つの意味

① OK ／どうぞ

② どうぞお先に

③ おごります

英会話のフレーズ本にはこの3つの意味が載っているので、それを丸暗記するしかないのですが、直訳の「どうぞお客さんでいてください」から、それが3つの場面で使われるようになった、と考えると納得がいくかと思います。「どうぞお先に」も「おごります」も、どちらも「お客さんなんだから」というニュアンスが隠れているわけです。

断るときにはどう言うか

断る表現（反対や却下）もざっと見ておきましょう。参考程度に眺めてください。I'm afraid については、後ほど改めて解説します。

断る表現

I'd rather you didn't.
「できれば、しないでいただきたいのですが」

I'm afraid you can't. / I'm afraid not.
「申し訳ないのですが、ご遠慮ください」

Don't.「やめて」

Please don't.「やめてください」

I wish you wouldn't.
「しないでほしいんですが」

That's out of the question.
「あり得ない」「論外だよ」

No, thanks.「いいえ、結構です」

Thanks, but no thanks.
「お気持ちは嬉しいですが、結構です」
※誘われたときの返答

一例だけ、やり取りの具体例を挙げておきましょう。

A：Would you like some more mashed potatoes?

B：Thanks, but no thanks. I'm already full.

「もう少しマッシュポテトはいかがですか」

「お気持ちは嬉しいですが、結構です。もうお腹がいっぱいです」

Really? にも
バリエーションがある

「驚く」ときのリアクションというと、私たちはもっぱら“Really?”を使いがちですよね。でも、先に述べたようにReally? を連発していると、相手の話を疑っているように受け取られかねません。もちろん多少使うのはいいですが、さらにバリエーションがあればなおのこといいでしょう。

ここでは、Really? 以外に使える驚きの表現を見ていきましょう。

Really? 以外の3つの「驚き」表現

使われる表現は、Really? 以外は大きく分けて3つです。

「ホントに？／冗談でしょ？」と言う表現

1 You must be joking!
2 You must be kidding! / Are you kidding?
  No kidding!
3 You don't say!

1は動詞joke（冗談を言う）を使うパターンです。jokingは、動詞jokeの-ing形ですね。You must be joking! の直訳は「あなたはきっと冗談を言っている」ですが、それが「冗談でしょ？」「ホントに？」になるわけです。

2はkid（子ども）という単語を使った"Really?"の代替表現です。You must be kidding! も「あなたはきっと冗談を言っている」になります。

ポイントは、kidという単語が動詞として使われている点です。kidは「子ども扱いする」という動詞で、それが「からかう・冗談を言う」という意味に派生しました。

3の You don't say! は1や2より少し上品な言い方です。 直訳は「あなたは言っていない」ですね。これに「本気で」という言葉を補って、「（本気で）あなたは言っていない」、それが「冗談ですよね？」になりました。

Really? はすんなり使えると思いますが、このjokingやkiddingはなかなか出てこないものです。「あなたの話に驚いています」と伝えるときにも、「冗談で言っているんでしょ（ウソでしょ）？」と伝えるときにも、どちらにも使えます。

A：How did you do on the test?

B：I got an A.

A：You must be kidding!

「テストどうだった?」
「Aだったよ」
「ホントに?」

よく使われる「繰り返し疑問文」

そのほかにももうひとつ、Really? の代わりになるとっておきの表現があります。

びっくりするようなことを聞いたとき、思わず相手の言った言葉をそのまま疑問文にして繰り返してしまうことはないでしょうか。「あの人、英語だけじゃなくてフランス語もできるんだよ」と言われて「フランス語も⁉」といった具合です。

その感覚は英語でも同じで、He can speak French. と言われて「ホントに?」と言いたいときには、Can he speak French? と返すわけです。でもこれだとそのままの繰り返しでクドいので、後半を全部省略してCan he? とするのが普通です。もちろん文によってはIs it? にもDo you? にもIs she? にもなります。大事なのは**相手の言葉を疑問文にして繰り返す**ということです。

point

相手の言葉を疑問文にして繰り返すと
Really? と同じ意味になる

たとえば、次のようなやり取りです。

A：He used to live in Iraq.
B：Did he?
「彼は昔イラクに住んでいたんだよ」
「ホントに?」

A：She was in the Olympics.
B：Was she?
「彼女はオリンピックに出たことがあるんだよ」
「ホントに?」

ちなみに、相手の言葉を繰り返すときは、語尾の上げ下げで意味が変わります。先ほどの例ならば、“Can he?” と疑問文にして「ホントに?」と言いたいときにはもちろん語尾を上げますが、逆に語尾を上げないで、“Can he.” と相手の言葉を繰り返せば、「あ、そうなんだ」というあいづちになります。あまりその話に興味がなく、受け流す言葉として使えます。これも日本語の感覚と同じで、「彼がフランス語を話せる」ことにさほど興味がなければ、語尾を下げながら「話せるんだあ」と言いますよね。

「聞き取れない」ピンチをチャンスに変える

本書の第2講で、話の理解度に応じた切り返しの表現について詳しく紹介しました。相手の言っていることがわからなかったときにはそれらの言葉で聞き返すのが基本ですが、ここではそれ以外の方法として役に立つ「what・who代入法」というテクニックをご紹介します。

考え方はとてもシンプルです。「what・who代入法」は、**相手の言葉の一部分だけが聞き取れなかったとき、わからなかった部分にwhatかwhoを入れて聞き返す**というもの。たとえば、

He loves surfing.

と言われてsurfingが聞きとれなかったときに、surfingにwhatを代入して、

He loves what?

と言えばいいのです（Loves what? でも通じます）。

What? と聞くだけだったら、相手にあなたがどの部分を理解していないのかが伝わりません。**この方法を用**

いることで、相手に「どの部分が」わからないかがはっきり伝わるので、気の利く人なら単語を言い換えてくれたり、ジェスチャーで教えるなど、別のアプローチをしてくれるかもしれません。

プーさんの「知ったかぶり」?

この「what・who代入法」、日本人のための裏ワザでは決してなく、ネイティブの間でも普通に使われています。ポイントは、**相手にしゃべらせることで、理解できないというピンチをチャンスに変える**ということです。

誰もが知っているキャラクターの物語から、そのテクニックの力を見ていきましょう。日本では「クマのプーさん」として有名な、A.A. ミルンの*Winnie the Pooh*の中の一節です。2番目、4番目のほうがプーさんの言葉です。

"We must all bring provisions."

"Bring what?"

"Things to eat."

"Oh!" said Pooh happily. "I thought you said Provisions."

わかりましたか?　1行ずつ見ていきましょう。

1行目でプーさんの友人が、"We must all bring provisions."、つまり僕らはみんなprovisionsを持ってこなきゃいけないねと言います。しかしプーさんはprovisionsのような長い単語がわからないので、"Bring what?"と聞き取れなかったふりをする。えっ、今なんて言ったの?と。すると3行目に、友人が機転を利かせて"Things to eat."（食べるものだよ）と、provisionsを別の表現に置き換えてくれました。するとプーさんは"I thought you said Provisions."（君がprovisionsって言ったと思ったよ）と言うわけです。

この感覚、わかるでしょうか。そう、ここでプーさんは「知ったかぶり」をしているわけですね。provisionsと言われて、"Bring what?"と聞こえなかったふりをして、相手にprovisions以外の言葉を使って説明させる。にもかかわらず、最後は「ああ、provisionsと言ったと思ったよ」と発言しているわけですから、最初からprovisionsは聞こえているんです。

多用されている「what・who代入法」

もう一例だけ*Winnie the Pooh*から、少し長めの引用を読んでみてください。

"The atmospheric conditions have been very unfavourable lately," said Owl.

"The what?"

"It has been raining," explained Owl.
"Yes," said Christopher Robin. "It has."
"The flood-level has reached an unprecedented height."
"The who?"
"There's a lot of water about," explained Owl.
"Yes," said Christopher Robin. "there is."

owlというのはフクロウのこと。「知の象徴」のフクロウと少年クリストファー・ロビンが話しているシーンです。

フクロウは物知りですから、難しくて長い単語を使います。"The atmospheric conditions have been very unfavourable lately."（最近大気の状態が非常に好ましくないよね）と、少し気取って言っています（天気 = the weather を the atmospheric conditionsと言い換えているくらいなので）。

クリストファー・ロビンはフクロウが何を言っているのかわかりません。かろうじてTheだけは聞こえたから"The what?"と素直に聞いている。「その何?」という感じですね。フクロウは賢いですからそれに対して、"It has been raining."（ずっと雨が降っているよね）と置き換えてくれている。

それでようやくフクロウの言うことが理解できたロビンは、"Yes!"と言うんですね。そして "It has."、「もちろんそうだよね」ということです。まとめると、「最近大気的な状況が非常に好ましくない」「それ、何?」「雨がずっと降っているよね」「そうだね。降っているね、確かにね」というやり取りです。

しかしロビンがわかったと思ったら、またフクロウは難しいことを言い始めます。“The flood-level has reached unprecedented height.”（前例のない高さまで、洪水位が達している）と。ロビンはまたわからず、“The who?”と言うわけですね。もはや人だと思っています。

そうすると今度は、flood-levelを“There's a lot of water about.”（周りに水が溢（あふ）れているよね）と、かみ砕いて答えているわけです。ここでsaidではなくexplained（説明した）という単語が使われているところが、物語として非常に上手なところです。それでロビンはまた、“Yes.”（だよね）。“There is a lot of water about.”（水が溢れているよね）と返しています。

こう見ると、少なくとも原作では、プーさんやクリストファー・ロビンは、ちょっと見栄っ張りのように解釈することも可能で、物語に奥行きが感じられます。

「自分が話す」だけが英会話ではない

それはともかく、わからない箇所にwhatやwhoを入れて聞き返す「what・who代入法」を使うと、会話がとてもスムーズに進められます。

英会話は、ひとりでペラペラと話す必要はありません。わからなかったら相手に振ればいいんです。“He loves surfing.” “He loves what?” “Surfing.” “Oh! Yes. He loves surfing.”のようなやり取りは、とても自然な英会話です。聞き取れなくて気まずい思いをするような場面を、このテクニックで格好いいやり取りに変えてしまいましょう。

「言葉が出てこない」ときの切り抜け方

前項では、聞き取れなかった部分を相手に繰り返してもらう、あわよくば説明してもらうテクニックを紹介しました。

この考え方をさらに広げて、今度は自分がどう言えばいいのかわからないとき、単語を知らないときなど、「言葉が出てこない」ときにどう対処すればいいか、その切り抜け方を紹介していきます。

思いつくことを言ってみる

英語が出てこないとき、自分ひとりで悩む必要はありません。目の前には英語堪能なネイティブスピーカーがいるわけですから、彼らの英語力をとことん利用しましょう。

ポイントは**「クイズを出す感覚」**です。わからない言葉、出てこない単語をitに置き換えて、クイズにしてみましょう。

たとえば、「望遠鏡」を英語で言いたいのに、単語が出てこないとき。こんなふうにしてみてはどうでしょうか。

I bought something yesterday. Galileo used it. You use it to look at stars.

「私は昨日あるものを買いました。それはガリレオが使ったものです。星を見るためのものです」

まずはsomethingという単語に置き換えて、Galileo used it. やYou use it to look at stars. のように、とりあえず出てこない単語をitにして、思いつくことを次々に言ってみる。そうすると、相手は“Do you mean a telescope?”（望遠鏡のこと?）と察してくれるでしょう。

こうしたクイズに使えるフレーズを以下にまとめておきます。

a kind of ～　「一種の～・～のようなもの」

a 名詞 like ～　「～のような 名詞 」

※このlikeは前置詞

You use it to ～　「～するために使う」

“Galileo”（ガリレオ）のような固有名詞

逆に質問してみる

また、単語がわからないときには、いっそわからないことを隠さずに、単刀直入に聞く手もあります。

How do you say ～ in English?
「英語で～ってどう言うの?」

このように質問するわけです。

さらに、相手の質問が難しいときには、**「質問を質問で返してみる」**のも有効です。

たとえば日本語でも「歳いくつ?」と聞かれて、「あなたは?」「いくつに見える?」など、質問に対して逆に質問で返すことがありますよね。

それと同じように、質問されて答えに困ったときには、逆に質問してしまいましょう。答えに窮して固まるよりもよほど印象はよいです。

最も便利なフレーズは、How about you?（あなたはどうなの?）です。

How about ～?（～はどう?）は、英会話集ではよく「提案表現」として紹介されています。How about playing golf tomorrow?（明日ゴルフするのはどうですか）や、How about some coffee?（コーヒーはいかがですか）のように使われて、これはこれで重宝する表現ですが、今回のように「相手に話を振る」ときにもHow about ～?が使えるんです。

A：What do you think of his plan?

B：How about you?

「彼のプラン、どう思う?」
「あなたの意見は?」

あまり連発するのはよくないですが、答えに困ったときの切り札として使ってみてください。

万能表現を使いこなす①
likeとI'd like

英語表現の中にはさまざまな用途で使える「万能表現」があります。これを使いこなせるようになると、英会話の幅が一気に広がります。ひとつひとつの表現は決して難しくなく、「こんなの知ってるよ」と思うものばかりかもしれませんが、そういう表現こそ奥が深く、正しく深く知っておけばとても重宝するものです。

この項では、likeとI'd likeについて見ていきましょう。

likeは最強の万能単語

likeは中学英語のはじめのころに習う簡単な単語ですが、英会話では次の3つの状況で使い回すことのできるキラーワードです。

① ほめ言葉の定番として
② 趣味や好きなものを伝えるとき
③ 何かの説明をするとき

①と②は動詞、③は前置詞として使います。①から見てみましょう。

「ほめる」ことについてのネイティブの考え方については第2講でお話ししました。ネイティブは一種のあいさつとして相手を気軽にほめるのでしたね。

“I like your jacket.” “I like your watch.” “I like your hairstyle.”などと、日本語だと面と向かって言うのがちょっとためらわれるようなことも、英語ならばごく自然です。ここでlikeが使われます。英語のlikeは日本語の「好き」という言葉ほど重くありません。つまりそれほど深い意味はないので、もっと「好き」のレベルを下げて使ってください。わかりやすく言えば、Facebookの「いいね!」のイメージです（英語ではまさにLikeですよね）。

②がいわゆる中学英語で学ぶlikeの使い方ですね。“I like chocolate.” “I like jazz.” “I like kind men.” ……何でもいいです。自己紹介をするときに本当によく使います。これは問題ありませんね。

そして③の前置詞likeです。あることを説明するとき、単語が出ないときにIt is like ...と使えます。たとえば「お好み焼き」を説明したいとき、どうしますか。第1講で出てきた、あの「1ランクくくりを大きくする」発想で考えてみてください。

たとえばですが、It is like a pancake. と言えるかもしれません。当たり前ですが、同じものがない以上、絶対にピタッとはまるものはありません。それでも説明しなければならないときに、It's like a pancake but it's not sweet.（それはパンケーキみたいなものですが、甘くありません）といった説明をすることが可能です。likeを使って説明できたらOK、さらにbut ...などを続けて情報を付け足せれば上級者です。

便利すぎるI'd like

I'd like (I would like) はI wantの丁寧な言い方です。何か「もの」が欲しいときには、I'd like some water.（水をいただきたいのですが）のように、I'd likeの直後に「もの」を言えばOKです。相手に「行動」を望むときは、I'd like to order now.（注文をお願いしたいのですが）のように、I'd likeの直後にto＋動詞の原形を続けます。

この表現、とにかく便利です。**相手に何か要望があるとき、言いたいことがあるときには、まずは「I'd likeが使えないか？」と考えてみてください**。海外旅行ではこの表現だけでなんとかなるくらい重宝します。

たとえば「毛布はありますか」とか「氷はありますか」なんて言う必要はありません。I would like to have a blanket (ice). で言わんとすることは十分通じます。また、電車などで、「この座席、どなたか座ってらっしゃいますか」と聞きたいとします。そういうときに、

Is it vacant?
Is this seat taken?

などと言えたらいいのですが、とっさにIs it vacant?は出てこないのではないでしょうか。カタコトでOpen?なんて言ってしまいそうですね。

そのときにも、

I would like to sit here.

これで十分なのです。

だからI'd likeはぜひ、とくに海外に行くときに、心持ちとしてしっかり備えておく、極端に言うならば今日1日をI'd likeだけで過ごしてみようと思うくらい、何か出ないときにはI'd likeで言い換える意識を強く持っておくと、さまざまな場面で必ず役に立ちます。

万能表現を使いこなす②
sorry、again、thank you

相手の言っていることが聞き取れないときにSorry?が頻繁に使われる、という話は前に述べました。ただそれ以外にも、sorryはじつにいろいろな場面で用いられます。

sorryは「ごめんなさい」ではない

"I'm sorry."は「ごめんなさい」以外に「お気の毒に」「残念です」「かわいそうに思う」といった意味があります。

たとえば、

I'm sorry to hear that.

この表現、いつ使うかわかりますか。

たとえば人が亡くなったときです。財布をなくしたとか、電車が止まって30分遅刻した人には、"That's too bad."（お気の毒に）と言いますが、母親が亡くなったから国に戻らないといけない人に対して"That's too bad."では軽すぎます。

しかし私たちは「sorry＝すみません」というイメージがあまりにも強いので、人が亡くなったときにI'm sorry to hear that. がパッと出てきません。近しい人が亡くなった方に向かってI'm sorry. は言いづらいと思うでしょう。でも、sorryの本来の意味を知れば自然に理解ができるようになります。

sorryの本来の意味は「痛む」で、sore（痛い）と語源が一緒です。I have a sore throat.（のどが痛い）と言うときのsoreですね。ヒリヒリ、ズキッとする感じです。

ですから、**I'm sorry. の奥に潜んでいる気持ちとは「私は（心が）痛みます」なんです**。そこから派生して、「ごめんなさい」「お気の毒に」「残念です」「かわいそうに思う」と言うときに使われます。どの言葉も口にするときには「心が痛んでいる」はずです。だから胸が痛むような情報を聞いたときには、"I'm sorry to hear that." と言えばOKです。

point

I'm sorry. の奥に潜んでいるのは
「私は（心が）痛みます」という気持ち

今日からはsorryは「ごめんなさい」ではなく「心が痛む」と覚えておきましょう。

簡単なのになかなか出てこないagain

againは意外に思うかもしれませんが、本当によく使います。発音は「アゲン」でも「アゲイン」でもいいですが、よく使うのでこれはきちんと発音できるようにしておきたいです。

まずは“～ again?”（何でしたっけ?）と、1回聞いたことをもう一度聞くときによく使います。たとえば“What's that again?”（あれ、何でしたっけ?）とか、“I'm sorry but what was your name again?”（すみませんが、お名前は何でしたっけ?）などと聞くと完璧です。あるいは、ウェブサイトのパスワードを忘れてしまったときに“What was the password again?”（パスワード何だったっけ?）と言うと、かなりこなれて聞こえます。

リスニングが苦手な人ほどこのagainはとても重宝するのですが、しっかり意識していないと意外と出てきません。

余談ですが、オーストラリアのパースへ行ったとき、空港のチェックインカウンターで、ある外国人男性に“Hello.”と話しかけられて少しの間雑談をしたのですが、その後チェックインしてコーヒーを飲んで、飛行機にいざ搭乗するときにまた彼がいたんです。そのとき彼は“Hello, again.”と言っていました。

こちらは先に言われちゃった、という気持ちになったのですが、それほどなかなかagainは出てこないものです。それがパッと出てくるのが彼らのノリなのかもしれません。

Thank you. を使う3つのタイミング

Thank you. も、当たり前に知っているようでいて、じつは奥が深い表現です。

まずは、Thank you. を使うタイミング。これは3つのパターンに分けられます。

① **感謝を伝えるとき**
② **ほめられたとき**
③ **別れ際**

①は日本語と同じなので割愛します。②は第2講の81ページの話とつながります。日本語だと「そんなことないよ」と謙遜するのが通例ですが、英語ではほめられたらまずは“Thank you.”です。

③は意外かもしれませんが、別れ際の“Thank you.”は、とても便利です。これについてはこの講の最後に詳しくお話ししますが、別れ際は最後に何を言っていいかわからないというか、ちょっとグダグダになることもありますよね。そういうときに、とりあえず“Thank you.”と言うんです。“Thank you for everything.”（いろいろありがとうね）という表現はよく耳にします。

①は私たちのそのままの感覚でいけますので、②と③を使いこなせるようになると、一気に自然な英会話になります。

必ず情報をプラスする

慣れてきたらThank you. だけでなく、その後に理由を加えてみてください。一番簡単なのは理由を表す前置詞のforを使うものです。電話の後に“Thank you for calling.”なんて言うのも常套句(じょうとうく)です。

また、文そのものを追加するパターンもあります。

A：I like this photograph. Your daughter looks really cute.

B：Thanks. I had it done at a studio.

「この写真いいね。君の娘さんは本当にキュートだね」とほめられる。その切り返しに、“Thanks.”と言った後に“I had it done at a studio.”（スタジオで撮ったんだ）と理由を添える。意識していないとなかなか使えませんが、これはとても大事な発想です。

別の例を挙げましょう。着ている服をほめられたら“Thank you.”の後に情報をプラスしましょう。“I really like it, too.”（私も本当に気に入ってるわ）や“I got it for half off at Mitsukoshi.”（三越で半額で買ったの）でも、“It was a birthday present from my boyfriend.”（彼氏からの誕生日プレゼントなの）や“My boyfriend gave it to me.”（彼氏がくれたの）でもいいです。それは英語圏の発想ではノロケとは思われません。

なぜかというと、「情報をプラスする」のは、ネイティブの発想では一種の「自慢」なのです。たとえば素敵なドレスを持っているだけでなく、それが彼氏からのプレゼント、そういう自分ってハッピーじゃない？　ということを、言葉にしないまでも「暗に」思っていて、それをわずかでも伝えたいだけなのです。日本人の考え方だとちょっとうっとうしい人のように感じますが、とくにアメリカ人の発想として、こういう考え方があるわけです。

だから、ネイティブはそういうノリなんだと割り切りましょう。少しぐらいそこに乗っかっても自慢とは思われないので、軽く自慢するくらいが英語をしゃべるときのひとつの作法のようなものだと考えてください。

では、とくに何も足すことがないときはどうするか。これは定型句として覚えましょう。以下のやり取りを見てください。

A：Your English is very good!
B：Thank you. It's kind of you to say so.
「英語、お上手ですね！」
「ありがとうございます。そう言ってもらえると嬉しいです」

“Thank you.”とまずは言うものの、とくにほかに言うことはなく、相手をほめ返すこともできないとき（まさか「あなたも英語が上手ですね」なんて言うわけにはいきませんよね）、“It's kind of you to say so.”（そう言ってくれてありがとう）が役に立ちます。

これはもはやひとつの単語のように、一気に言えるように口になじませておくといいでしょう。そのくらい重宝する表現です。

I hopeとI'm afraidで相手を気づかう

英会話でよく使われる表現に、I hopeとI'm afraidがあります。この2つ、学生時代にいまひとつ理解できなかった人も案外多いのではないでしょうか。実際、大学入試でもよく出題されるのですが、意外なほど受験生はミスをします。簡単な形では"I hope not." "I'm afraid not." "I hope so." "I'm afraid so."と4種類の表現があり、どれがどういう意味か、いざ問われると混乱することが多いからです。

ここではその疑問をすっきり解決し、実際の英会話で使えるように整理していきたいと思います。

I hope / I'm afraidは「情報の先出し」

難しいとはいえ、ポイントはたったの2つです。

第一のポイントは、I hopeとI'm afraidは**「予告表現」**だということです。予告とは言い換えると「情報を先に出す」ということ。情報を小出しにしていく感じで、I hopeは「プラス情報（今からいいことを言うよ）」の合図、I'm afraidは「マイナス情報（今から悪いことを言うよ）」の合図です。

つまり、I hopeの後には**必ずプラス情報が**、I'm afraid**の後には必ずマイナス情報がきます**。後にsoやnotでなく、S + V（主語＋動詞）がくることもありますが、それぞれにプラス情報／マイナス情報がくることに変わりありません。

第二のポイントは、soは前の発言をそのまま受けて「その通り」という意味、notは前の発言を否定して「そうではない」という意味になることです。

I hopeとI'm afraidのポイント

1「予告」の働き

I hope プラス情報 . / I'm afraid マイナス情報 .

※ちなみにI thinkは中立情報

2 SVをso / notで代用する

so：「その通り」

※前の内容を「そのまま」受ける

not：「そうではない」

※前の内容を「否定して」受ける

→SVが続くこともある

例）I'm afraid I can't.「残念ながらできません」

これらを踏まえると、先ほどの4つの表現は次のようにまとめることができます。

	so （相手の言う通りになる）	not （ならない）
プラス情報	**I hope so.** **「そうなるといいなあ」**	**I hope not.** **「そうならないといいなあ」**
マイナス情報	**I'm afraid so.** **「残念ながらその通り」**	**I'm afraid not.** **「残念ながらそうじゃない」**

ここでミスしがちなのは、「いいことはI hope so.で、悪いことはI'm afraid not.」なんだ、と勘違いしてしまうことです。そうではなく、I hopeに続くのが相手にとってのプラス情報、I'm afraidに続くのがマイナス情報というポイントを踏まえて、例を挙げてみましょう。

"Will Tom come tomorrow?"（明日トムは来る?）と聞かれたとしましょう。相手が「トムに会いたい」と思っていて、トムが来る予定ならば、返し方は"I hope so."、トムが来られないなら"I'm afraid not."です。

逆に相手が「トムに会いたくない」と思っていて、でもトムが来るのなら"I'm afraid so."と答えます。トムが来ない場合は「相手にとってプラス」の情報ですから、"I hope not."ですね。また、相手がトムに会いたいかどうかわからない場合には"I think ..."の出番です。

少しややこしくなってきたかもしれませんので、下記に整理してみましょう。

Will Tom come tomorrow?

→I hope so.「来るといいなあ」

※トムに来てほしい

→I hope not.「来ないといいなあ」

※トムに来てほしくない

→I'm afraid so.「残念ながら来るでしょう」

※トムに来てほしくない

→I'm afraid not.「残念ながら来ないでしょう」

※トムに来てほしい

I hopeとI'm afraidは情報の先出しだとお話ししましたが、言ってみればそれは**「相手を気づかっている」**ということです。次の文を見てください。

A：Antonio is the man for the job, don't you think?

B：I'm afraid I don't agree.

「アントニオがこの仕事に適任だと思うのですが」

「申し上げにくいのですが、私はそうは思いません」

この「自分は同意できない」ということは、相手にとってはマイナス情報ですよね。けれどもいきなり"I don't agree."とだけ言うと角が立つので、気をつかって"I'm afraid ..."と「マイナス情報を予告」したうえで発言しているわけです。

相手にとってプラスの情報のときはI hope、マイナスの情報ならI'm afraidを先に伝える

このI hopeとI'm afraid、**実際の会話ではI'm afraidを意識して使ってください。**

なぜかというと、プラス情報は予告しなくてもいいからです。いい情報は相手に気をつかわなくてもいいわけです。むしろ使わないほうがインパクトが大きいこともあるでしょう。しかし相手にとってよくない知らせのときにはやはり、先の例文のように、I'm afraidを使って情報を小出しにしながら伝えていく意識が大切です。

命令文の本当のニュアンス

「命令文」というのはそのネーミングからして、なんとなく使いづらいですよね。「〜しなさい」という強制的なイメージがある人も多いでしょう。だから人に何かをしてほしいときには、pleaseを使ってやわらげようとしがちです。しかし、飛行機内でのFasten your seat-belt.（シートベルトをお締めください）など、公共の場でも命令文は多用されています。こうしたことはどう考えればよいのでしょうか。

命令文に隠れた気持ち

じつは、ネイティブは**「相手の利益になるなら命令文を優先的に用いる」**のです。むしろ**「命令することで丁寧になる」**ことさえあります。だから命令文を使いこなせると（とくに相手に何かを指示したり、勧めたりするとき）、英会話の幅は広がります。

point!
命令文＝強制ではない
相手の利益になるなら「命令文」を優先的に使う

ちょっと小難しい話をすると、命令文は英語でthe imperative moodと言います。imperativeというのは「避けられない」、moodは「気分」です。つまり「〜するのが避けられない」という気持ちが命令文のそもそものニュアンスなのです。

だから日常会話でもよく使われます。たとえばタクシーに乗っているときに、運転手に「次の角を右に曲がれ」なんて日本語ではとても言えませんが、英語では“Turn right at the corner.”が普通です。それが最短ルートで、右に曲がってもらわないとお互いに困るからです。“Would you mind turning at the right corner?”などと丁寧に言う必要はありません。シンガポールはタクシー料金がとても安い（日本の半額くらい）のでよく利用します。そのたびに命令文を使っているのですが、嫌な態度を取るドライバーには出会ったことがありません。

また、letを使った表現、たとえば、

Let me help you.
「お手伝いさせてください」
Let me introduce myself.
「自己紹介させてください」

なども、あまり意識されませんが、動詞の原形で文が始まっているので命令文です。「させなさい」という命令なのですが、いずれも相手にとってプラスになるため、この形で多用されます。

慣用表現になっている命令文

先にFasten your seatbelt. という例を挙げましたが、命令文はこのように決まり文句のように使われているものも多々あります。たとえば次のようなものです。

Have a seat. 「お座りください」
Have a nice weekend. 「よい週末を」
Keep the change. 「お釣りは結構です」
Go ahead. 「どうぞ」
Be my guest. 「どうぞ」

たとえば医師が患者にHave a seat. と言うとき、そこから診察が始まるわけですから、座ってもらうことがお互いの利益になりますよね。Have a nice weekend. も相手の週末がよきものになるよう祈っているわけですから言わずもがなです（そもそもHave a nice weekend. を命令文だと意識している人のほうが少ないでしょう）。

Keep the change. も当然相手の利益につながりますね。命令してあげることで、お釣りをより受け取りやすくするわけです。

最後の2つはOKの表現のところでも解説しましたね。たとえば「すみません、ちょっと喉が渇いていて。水を飲んでもいいですか」などと聞かれたとき、あるいは「トイレに行ってもいいですか」と聞かれたとき。それが相手の利益になるわけですから、“Go ahead.” “Be my guest.”と使えるわけです。

mustを使うパターン

命令文ではありませんが、You must（〜しなければならない）も内容は命令です。これは「人にものを勧める言い方」で、「しないと損」というときにも使えます。外国人に日本を案内する機会があれば、“You must try sushi.”といった具合にかなり使えます。You must tryまでひと続きで覚えておくといいでしょう。

マウンティングではありませんが、外国人が来ると、やたらワサビなどを食べさせて、「俺はいけるぞ」みたいなコミュニケーションの仕方がありますよね。私はフィリピンに行ったときに、現地の名物で「バロット」という孵化寸前のアヒルの卵を茹でたものがあるのですが、それを強く勧められました。そういうときにはまさに“You must try.”です（そういうものを怖がらずに食べられるのが強さだ、といった風潮はわりと万国共通なのだと感じます）。

話が逸れましたが、自国のものを勧めるとき、私たち日本人は基本的には謙遜するのが美徳だと考えています。「お口に合わないかもしれませんが」などはまさにその典型ですよね。でも英語の世界では、自分がいいと思ったものは強く勧めます。なぜかというと、これも命令文と考え方はまったく同じで、それが「相手にとってのプラスになると考える」からです。ですから偉そうに感じられることはありません。

とくにこのご時世、反論を怖がっていると説明が冗長になります。でも英語では、「絶対にこれはいい!」と思ったものは、もちろん合わない人がいることなどわかったうえで、強く勧めたほうがいいというのがネイティブの発想であり、You mustという言葉が持つ気持ちなのです。

別れ際をグダグダにしない！

この講の最後に、別れ際や締めの場面で使う表現やテクニックを見ていきます。

別れ際は、日本語でもなんとなくグダグダになったり、ちょっと不自然になったりすることがないでしょうか。だからこそ英語で何を言えばいいのかわからないし、言葉をどう置き換えていいのか判然としません。結果として、会話の最後ほど詰まって、後味が悪くなりがちです。

会話を終わらせるのも、スマートなやり方がちゃんとあります。それをきちんと身につけましょう。

See youの後には必ず時間や場所を

別れ際のあいさつと聞くと真っ先に思い浮かぶのは、Goodbye. かSee you. ではないでしょうか。もちろんこれらも使われますが、実際は圧倒的に、

Have a good day.
「よい1日を」

のような、Have a ～の形が使われます（週末ならHave a good weekend.）。それに対する返答は、

Thank you, you too.

が一番ラクな定型句です（何を言われてもThank you, you too. で返せるので）。Take care.（気をつけて）もよく使われます。

ちなみに、See you. はあまりこのままでは使われません。See youの後に「具体的な時間・場所」を入れるのがネイティブ流です。そういった情報を付け足すことで、きちんと予定を理解していること、相手に会う意思を積極的に伝えることになるからです。See you next week. やSee you at ～ station. まで言うことで、私はあなたと会う機会や場所があることをわかっていますよ、というアピールになるわけです。

また、155ページで取り上げたように、Thank you. も別れのあいさつとして適切です。別れ際に何を言えばいいかわからないときは、とりあえずThank you. と言えばいいんです。

そして、これも情報を付け足すのでしたね。Thank you for ...と言って、何に対してThank you. なのかを明確にする。もしそれが出てこないときには、先に取り上げた、

Thank you for everything.
「いろいろありがとうございました」

が一番便利な表現です。

「よろしくお願いします」をどう言う?

本書は英会話がテーマですので、面と向かった会話以外の表現は守備範囲外ですが、「別れ際」に付随して1点だけ、メールを締めるときの発想と表現についても見てみましょう。

日本語でメールの末尾に書くのは圧倒的に「よろしくお願いします」ではないでしょうか。でもこれ、英語にしづらいですよね。英語で「よろしくお願いします」を言いたいときには、そのメールの目的を考えましょう。たとえば仕事のあいさつならば、

I'm looking forward to working with you.
「ご一緒できることを楽しみにしています」

何か仕事上の情報を知らせてもらったり、アドバイスを受けたりしたのであれば、

Thank you for the tip.
Thank you for the advice.

が考えられます。また、とりたてて何か相手に感謝することが思い浮かばない場合は、例によってThank you for everything. が使えます。

表現の簡単さに油断しない

これらの表現は表現自体が簡単なので、読んだだけでマスターした気になりますが、練習して、実際に使ってみなければ絶対に定着しません。

とくに英会話の本で別れ際のシーンはよく出てきますが、別れ際の表現は簡単すぎて、「これを言えるようにしよう」なんていちいち意識しませんよね。その重要さが指摘されないのもその一因だと思います。

これはこの第3講全体に言えることですが、表現やテクニックを「覚えた」だけではまだマスターしたことにはなりませんし、とっさに出てくることはありません。いろいろな慣用表現を紹介してきましたが、それぞれの英会話の目的に合わせて、使えそうなものをピックアップし、頭に叩き込んで積極的に使い、言葉をなじませていきましょう。そうしてこそ、初めて学習は完成します。

第3講のまとめ（チェックシート）

How are you? から始まるやり取り

□ How are you? のバリエーションがわかる
□ それに対する基本的な答え方がわかる
□ 聞かれたら答えた後に“And you?”を添える
□ whatを使った同義のフレーズとその答え方がわかる
□ 目新しいことが何もないとき、情報を補足できる

さまざまなあいづち

□ Yes. の代わりになるあいづちを3つ言える
□ No. の代わりとなるあいづちを言える
□ 相手の発言を「了解」するあいづちが言える
□「話題転換」のあいづちが言える
□ 話の間を埋めるあいづちが言える

OKの多様な言い方

□ 賛成や許可のフレーズがわかる
□ 反対や却下の表現がわかる

Really? 以外の「驚き」の表現

□ 3つのよく使われる「驚き」の表現がわかる
□ Really? と同じ意味になる「繰り返し疑問文」がわかる

聞き取れなかったときの「what・who代入法」

□ what・who 代入法のねらいとその使い方がわかる

言葉が出てこないときの切り抜け方

□ 出てこない単語をitにして、思いつくことを表現できる

□ わからないことを単刀直入に相手に聞くことができる

□ 「質問を質問で返す」ことができる

万能表現likeとI'd like

□ ほめるときに使うlikeのニュアンスがわかる

□ ひとつのことを説明するときにlikeを使って表現できる

□ I'd likeを使って要望や欲求を伝えることができる

万能表現sorry、again、thank you

□ I'm sorry. に潜む正しいニュアンスがわかる

□ againの使い方と、正しい発音の仕方がわかる

□ Thank you. を使う3つのタイミングがわかる

I hopeとI'm afraid

□ I hopeとI'm afraidの性質とその違いがわかる

命令文の本当のニュアンス

□ 命令文に込められた本当のニュアンスがわかる

□ mustを使って相手に何かを勧めることができる

別れ際をグダグダにしない！

□ See youの後には必ず情報を補足できる

□ Thank you. を別れの言葉として使える

第４講

「見栄え」を整える

“近道”に必要なエトセトラ

英語らしく見せるための＋α
① 表現の「見栄え」

本書の冒頭でお話ししましたが、英語を話すことはトータルの作業です。英会話とはコミュニケーションであり、コミュニケーションとは単に口から出る言葉だけではなく、リズム、表情、身振り、気づかい、理解力などの総合的なものです。ですから「英語力×コミュニケーション力」がそのまま英会話の出来になります。

私は仕事柄、英語力は当然普通の人よりも高いですが、コミュニケーション力はとくに高くないので、トータルとして英語ネイティブと仲良くなれるかといったら、じつはそこまでではないと思っています。逆に英語力が高くなくてもコミュニケーション力でカバーして、どんどん英語ネイティブと仲良くなれる人もいます。それはとても大事なことで、そこで変な意地を張って「自分は英語力だけで勝負する」といった考えで押し進めようとするのは、結果として遠回りにしかなりません。

これは英語の本ですから、「だからコミュニケーション力を高めましょう」という身も蓋もないことは言いません。この最後の講でこれからお話ししたいのは、英会話が総合的なものであることを踏まえたうえで、皆さんの英語でのコミュニケーション力にプラスアルファをするために、会話の「見栄え」をさまざまな角度から整える、ということです。

英会話の「見栄え」とは

ここで言う「見栄え」をもっと極端に表現するなら、「いかに格好つけるか」でもいいでしょう。

「格好つける」というのを、表面的で中身がないものだと思う人もいるでしょう。しかし多くの英語ネイティブと話をしてみて思ったのは、**会話での装飾的なことが、じつは相手からの信頼につながることも多い**ということでした。たとえば料理でも、最後に見栄えをよくすることですべてが決まる、とまではいかないまでも、完成度をかなり左右しますよね。英会話でも見栄えを整えること、言い換えれば全力で格好つけることで、相手との関係をよりよいものにできるのです。

これからお話しすることを、すべて取り入れる必要はありません。使えそうだなと思ったものを、ご自身の英会話に取り入れてみてください。

この項ではまず、言葉の表現の仕方にフォーカスします。ポイントは2つ、**「最初に言いたいことをまとめる」「言葉を足して装飾する」**です。

「何を言いたいか」を真っ先に伝える

まず「最初に言いたいことをまとめる」です。**まず自分は何を言いたいのか、メッセージ全体の意図を一番先に伝えましょう。**

何度かお話ししてきましたが、日本人は何か伝えようとするとき、外堀から攻めようとしがちというか、遠回りになりがちです。しかも慣れない英会話の場合、うまく出だしが言えず、沈黙したり的外れなことを言ったりしてしまって、相手から怪訝な顔をされてへこんだり、パニックになったりしてドツボにはまる……なんてこともよくあるものです。

だから単刀直入すぎるくらいに、先に話の方向性を相手に示しましょう。そうすれば、その言葉がもし拙いものでも、こちらの意図は必ず伝わります。

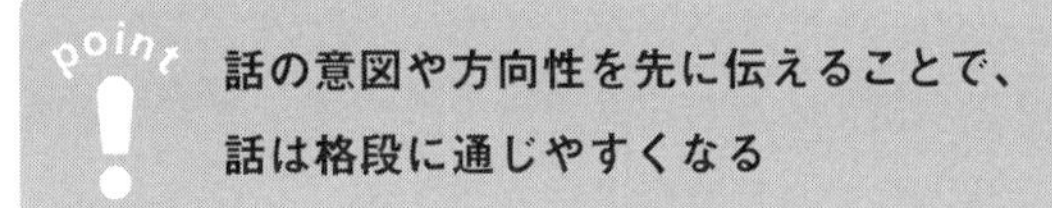

たとえば何か相手に聞きたいことがあったとします。そのときは、

I have a question.
「質問があるのですが」

ここから始めます。また何かトラブルが発生してそれを伝えたいときには、次のように始めます。

Something is wrong. / I'm having trouble.
「ちょっと問題があるのですが」

これで相手はあなたにトラブルがあることをすぐに理解してくれます。理想を言えば、上記の表現の後に、withを使ってそのトラブルを詳しく説明できればなおいいです。ちなみにこのwithは「関連（〜について）」を表します。

Something is wrong with the television in my room.
「部屋のテレビの調子が悪いのですが」
I'm having (some) trouble with my computer.
「コンピュータの調子が悪いのですが」

誰からも教えてもらえず、そういう練習をしたことがないので当然なのですが、これを意識的にやっている人は私の知る限りほとんどいません。

ふだんからほんのちょっとでいいので、日本語の思考を「話の方向性を先に伝える」ように意識してみてください。日本でやるのは時と場合によっては図々しく見えてしまう（ただ、ビジネスでは有用だと思います）ので、無理のない範囲で十分です。

それでも、「話が長くなってしまう」とき、あるいは「話の内容をずばりまとめて言えない」ときは、まずは中心となる単語だけでも先に口にしましょう。それによって、「何に関する話がしたいのか」が伝わります。たとえば海外のホテルでシャワーから水しか出ないとき、showerとtroubleと伝えるだけで格段に伝わりやすくなるはずです。

言葉を足してリズムを生む

ポイントの2点目は「言葉を足して装飾する」です。

「言葉を足す」とは、**話すときに「つなぎ語」を入れる**ということです。つなぎ語とは、内容そのものに直接関係はないものの、話の流れをよくする働きを持つもの。たとえば新しい話題を提供するときには、soやwellなどが考えられます。

So, what do you think of ...?
「それで、……についてどう思う?」

ふだん英語を勉強していて、soやwellにはなかなか目がいきません。ほとんどの人が流している部分です(「"So, what do you think of ..."という表現のsoは何ですか」と聞いてくる人はまずいません)。しかし英会話という点から考えると、**英語のリズム（英語の間）を生み出す、かなり重要な意味を持つ言葉**なのです。実際にネイティブが話しているところや映画やドラマなどを注意深く聞いていると、とてもよく使われていることに気づくはずです。

もちろんこれは話題転換のときだけでなく、普通の返答などにも有効です。たとえば次の4つを見てください。

・Sure, no problem.
・Actually, I'd rather you didn't.
・I beg your pardon, did you say ～?
・I'm afraid not.

No problem.（問題ないよ）と言うところを、同じ場面で使えるSureをかぶせて、Sure, no problem. と言ってみる。実際にネイティブ同士の会話でもよく使われています。また、I'd rather you didn't.（できれば、しないでいただきたいのですが）と言うところを、Actually（じつは）をつけてActually, I'd rather you didn't. と言ってみる。

あるいは、聞き返したいときにDid you say ～? と言うだけでなく、I beg your pardon, did you say ～?（すみません、もう一度言ってほしいのですが、～と言ったのですか）と、言葉を重ねる。最後は前の講に出てきたI'm afraidですが、いきなりNo. やNot. と言うのではなく、I'm afraid not. をつけて相手を気づかう。この4つは使いやすく、また頻繁に使用されているのでぜひ使えるようにしておきたいものです。

英語力は高いし語彙も豊富なのに、思いきり日本人感が出てしまう人の英語と、そうではない人の英語の差というのは、じつはこんなところにあったりします。英語のリズムに乗るという視点を持つと、相手が使うsoやsureなどの「つなぎ語」が急に意味を持って意識されてくるはずです（英語のリズムについては後ほどあらためて取りあげます）。

英語らしく見せるための＋α
② 名前を呼ぶ／聞く

突然ですが、英会話における最重要単語とはなんだと思いますか。

私は「**相手の名前**」だと考えています。

英会話ではとにかく相手の名前を呼びます。呼びまくると言っても過言ではありません。ふだんのあいさつでも、Hi, ○○. と必ず名前をつけます。名前を呼ぶことは、相手をきちんと個人として尊重している意思表示でもあるのです。もし名前を呼ばないと、冷たい印象を持たれかねません。

それは何も親しい人の間だけではありません。たとえばスターバックスコーヒーでは注文したドリンクのカップに名前を書いてくれるサービスを提供しています。あれは本来、注文したものを混雑時に取り違えないようにするためのようですが、以前シンガポールの店舗で商品をもらうときに、"Thank you, Mr. Seki." とわざわざ名前を呼ばれて驚いたものです。それだけ相手の名前を呼ぶことが日常に浸透しているとも言えるでしょう。

“What’s your name?” は失礼

名前を呼ぶ前に、相手の名前を聞かなければなりません。名前を聞く表現としておなじみなのは “What’s your name?” ですが、前にもお話しした通り、**“What’s your name?” は基本的に使ってはいけません**。直接的すぎるからです。どういう流れで名前を聞くのかは、76ページで述べた通りですが、もう一度振り返っておきましょう。

近くにいる人に話しかけるときには、まずは軽く雑談から入ります。話題のきっかけは、周りの環境を利用するんでしたね。天気や、たとえば駅なら「この電車は〜へ行きますか」など、いろいろ考えられます。

そうして軽く雑談した後に、“By the way, I’m ○○. And you are …” と言えば、必ず名前を言ってくれます。あまり教科書ではお目にかかりませんが、これが最も一般的な形です。

さて、ここから先はまだお話ししていない大事な点です。

名前を聞いたら、まずはその場で相手の名前を声に出してください。国籍はアメリカやイギリスでも日本人にはなじみがなく難しい名前の人もたくさんいます（そんなに都合よくTomやNancyには出会いません）。だからその場で相手の名前を繰り返すことが大事です。ちなみに英語のニュースなどである単語が聞き取れないなと思ったら、それが人名だったということは私もよくあります。外国人の名前はとても難しいのです。
そしてもし聞き取れないときは、

Could you repeat your name, please?
あるいは、
May I ask what was your name again?

と言いましょう。May I askを足すことで丁寧になるので、What was your name? を使っても差し支えありません。もちろんここで正確にはMay I ask what your name was again? の語順ですが、あまり気にしなくて大丈夫です。

さりげなく相手の名前を言う方法

日本人（とくに男性）は、あいさつのときに相手の名前を言うことに慣れていません。女性だと、とくに若い人同士の会話で「○○ちゃん、おはよう」と言う光景はよく見られますが、男性同士ではあまり名前を呼びませんよね。
本書では何度も、英会話ではモードチェンジが必要、マインドセットを変えようと言っていますが、名前となるととくに、最初は抵抗があるでしょうから、さりげなく使える場面を挙げておきましょう。

よく使うのは「あいさつ」、あるいは「感謝」を伝えるときです。“Hi, Bill.” “Thank you, Bill.” といった具合ですね。もうひとつは「質問」です。

So, Bill, what do you think?

という感じです。知り合いの外国人、もしくはこれから出会う人に使ってみて、なじませていくことが大事です（外国人と英会話をするときに、急に名前を呼ぼうと思ってもなかなか出てこないものです）。また日本にいる外国人、とくに英会話学校の講師は自分の名前を呼ばれないのに慣れてしまっているので、皆さんが名前を呼んだら喜んでくれると思いますよ。

英語らしく見せるための＋α
③ 発音とリズム

第1講で、「スピーキング以後の壁」として、発音について少しお話ししました。「伝わらないのは発音のせい」というケースはじつは少ない（もちろんあり得ますが、多くの英語学習者が考えるよりもはるかに少ない）こと、発音はよしあしではなく「正しいか間違っているか」が大事だと示しました。

しかし、英語らしく見せるためのプラスアルファというと、やはり発音をきちんと練習することが必要なのではないかと私たちはつい考えがちです。でも、そうではないんです。

発音は手を抜いていい？

発音の勉強は費用対効果が悪い。これは私がこれまで英語を使ってきた中での考えです。相手に伝わることを最優先に勉強の計画を練るならば手を抜いて問題ありません。英語のリズムや抑揚、そして後ほどお話しする文法のほうがよほど大事です。

確かに、発音がいいとそれだけで英語の上級者に見えて、それこそ「見栄え」はいいでしょう。発音にこだわりたい方はもちろん勉強してもいいでしょうし、実際私も発音に関する解説本を書いていますが、前にお話ししたように、アクセントの位置と「正しい」発音の仕方を知っていれば、案外通じます。また、発音をマスターするのはかなり大変で、膨大な時間がかかります。ですから、その時間を利用してもっと別のこと、たとえば単語や文法の学習をやったほうがいい、というのが私の考えです。

発音が「正しいか間違っているか」という視点を持つことはすでにお話ししましたので、ここでは「英語のリズム」についてもう少し詳しく解説します。

「英語のリズム」に乗る方法

まず**「リエゾンを意識する」**ということです。リエゾンは「連音」とも訳されますが、単語と単語の音のつながりによって音が変化することです。たとえばDid you～？と言うとき、英語ネイティブはDidの最後のdとyouがくっついて、「ディジュ」と発音します。Can I～？ならば、nとIがくっついて「キャナイ」となります。

リスニング教材などを意識して聴いてみると、かなりリエゾンが起こっていることが実感できるはずです。ですからまずは自分のできるところから、何かひとつ見つけて、それをやってみてください。

次に**「言葉に抑揚をつける」**ということです。リエゾンが隣の単語とくっつく「横の変化」ならば、抑揚は「縦の変化」と言ってもいいでしょう。

英語にリズムがあるのはなんとなく知っていると思いますが、そのリズムがじつは「ものすごく大事」であること、そしてリズムが悪いせいで通じないことがよくあることは、あまり認識されていません。

抑揚をつける一番手っ取り早い方法は、たとえばso happyのsoをsoooo happyというイメージで言ってみるように、自分が大事だと思う単語を、たとえて言えばパソコンのマウスでドラッグして引っ張ってみるイメージで言うことです。すると勝手に抑揚がつきます（大事な箇所を「太字にする」イメージとも言えるでしょう）。日本語の「すっっっごい」みたいなものです。

英語の「音」を聴くことをなおざりにしていると、話すリズムがつかめずに棒読みになりがちです。そうすると、表現は間違っていないのに通じないということが起きかねません。

解決策は、聞き取りやすく癖のない良質な英語を聴く練習をすることです。おすすめの教材は、前に取り上げた日本の英語学習雑誌『ENGLISH JOURNAL』です。誌面の後ろのほうに「Quick Chat」というコーナーがあるのですが、プロフェッショナルのナレーターが話してくれるので、とても聞き取りやすいです。時間も短く、TOEICの音声よりも自然で（リエゾンがたくさん起きて、ずっと抑揚があり)、日常会話ほど崩れません。「英語のリズム」を頭の片隅に置いて聴き続けることで、少しずつ自然なリズムが体に浸透していきます。

「相手に振る」のもリズム

少し話は逸れますが、広義の「英語のリズム」ということで言えば、英会話とはお互いの言葉のキャッチボールですから、ひとりで話そうとせずに**「相手に振る」**意識がとても大切です。これは先にもお話ししました。

日本語と同じです。ひとりでダラダラ話していたら、聞いているほうはつらいですよね。話していてまずいなと思ったら、相手に振ってください。とにかくバトンを渡す、もしくは聞いてあげる。先述したように、一番使い勝手がいいのはHow about you? です。あるいはひとりで話しているときに、

Does that make sense?
「わかる?」
Does my English make sense?
「私の英語、わかる?」

などと相手に聞けたら、会話に心地よいリズムが生まれます。このように「相手とのリズム」まで意識できればかなりの上級者と言えます。

文法を学ぶ
3つのメリット

前の項で、「発音をマスターするのは費用対効果が悪い」というお話をしました。逆に、**費用対効果がいいのは文法です**。

これは何も、私が予備校講師で、ふだん受験生相手に英文法を教えているからではありません。なぜ英語で話すために文法を学ぶことが必要なのか、しっかりと説明しておきたいと思います。

私はふだん、英語を学ぶことは異文化理解であり、ネイティブの発想を知ることでもあると言っています。実際に文法を「正しく」理解していく過程で、英語ネイティブと私たち日本人のものの見方の違いが見えてきます。そういう意味でも文法を学ぶことは大切なのですが、本書では「英語で話すスキルを身につける」ことにより焦点を絞って話を進めます。

英会話学習の中で文法を学ぶメリットは、次の3つに集約できます。

① **大量の英文を効率よく処理できるようになる**
② **英語のリズムをつかめるようになる**
③ **慣用表現を覚えやすくなる**

「文型」は究極のテンプレート

文法というのは、「言葉のテンプレート」です。そのテンプレートをしっかり理解しておくことで、自分の頭の中に英語のフォーマットができあがり、大量の英文を効率よく処理していけるようになるのです。同時に記憶にとどめておきやすくなります。

実体験をもとにお話ししましょう。私はスペインやイタリアなどの英語圏以外の国に旅行するときには、その国の言語の「例文100個、単語500個」を1か月くらいかけて覚えてから行くようにしているのですが、単語は覚えられるものの、文がなかなか覚えられません（覚えてもすぐに忘れてしまいます）。

それは文を丸ごと暗記しているからです。文法というのはテンプレートだと言いましたが、言い換えれば「言葉の最も基本的なルール」です。スポーツ観戦にたとえると、ルールをまったく知らないで試合を観戦するのと、ルールを先に知っておいて観戦するのとでは、味わえる面白さも試合の理解度もまったく違うのではないでしょうか。それと同じで、英語の場合も文法というルールがわからないと理解も定着もしないのです。

とくに「文型」は、文法の中でも究極のテンプレートです。そのテンプレートの中の単語を変えていくだけで、一気にたくさんの英文を処理することが可能になります。その破壊力の一端を見てみましょう。

取り上げたいのは第4文型（SVOO）です。主語と動詞の次に目的語が2つ続く形ですね。第4文型を取る動詞の中で最もよく使われるもののひとつにgiveがありますが、giveという動詞はSV 人 物 の形で使います。**このSV 人 物 という形、じつはほぼすべて「人 に 物 を与える」という意味になるんです。**

もちろん「与える」のニュアンスは動詞によって微妙に異なりますが、意味の土台が「与える」で、それに何かしら色がついている、そんなふうに考えると、学習はかなり効率的になります。このことは中学初級レベルの動詞で説明できます。たとえばteach 人 物 は「教える」と習いますが、「人に知識を与える」、show 人 物 は「見せる」ではなく「人に情報を与える」ということですね。以下に代表的なものをまとめておきましょう。

SV 人 物「人に物を与える」

give（与える）	send（送る）	teach（教える）
tell（話す）	show（見せる）	bring（持ってくる）
lend（貸す）	pay（支払う）	sell（売る）

次に、高校レベルの難しい単語で確認してみましょう。

たとえば、allot speakers 20 minutesはどんな意味になるでしょうか。allotはなかなか難しい単語ですが、これもＶ人物の形になっていますね。そこで「人に物を与える」の意味から考えると、「演説者（speakers）に20分間（20 minutes）を与える」という意味だと予想できます。allotという単語を知らなくても、文法の力を駆使することで、動詞の意味がわかるわけです（allotは「与える・割り当てる」と辞書に載っています）。

SV人物（人に物を与える）の形を意識して、以下の動詞にも軽く目を通してみてください。

allot（割り当てる） hand（手渡す） offer（提供する）
pass（手渡す） do（与える）

もちろんこういった動詞の特別な意味を暗記する必要はなく、Ｖ人物の形になったときに、「与える」という意味になると判断すればいいのです。このように、文型というテンプレートを頭の中に入れておくと、大量の決まり文句を覚える手間が省けます。かつそれが定着してくることで、英語の処理速度も自然と上がっていきますよ。

文法力が発音をカバーする

2つ目です。「英語のリズムをつかめるようになる」

ためにも、文法の知識は必要です。

英語のリズムをつかむためには、適切な箇所で言葉を区切ることが大事です。区切れるところで一瞬息継ぎが入ります。**適切な場所で区切る力は、まぎれもなく文法の力です**。言葉のテンプレートを理解しておくことで、前置詞や接続詞の前で区切ったり、長い修飾語句の前で区切ったりと、区切る箇所がわかるからです。

私は発音の練習をしたことがないとお話ししましたが、そのため多少発音が日本人的なのは否めません。ただし、あるカナダ人から「文法がしっかりしているから発音はとくに気にならない」と言われたことがあります。要は、文法力が発音をカバーしているわけですね。

もちろん発音をマスターすることのメリットはあります。ただ、とりあえず通じるかどうかで考えるとき、発音と文法の勉強を天秤(てんびん)にかけるならば、私は文法のほうがずっと大事だと考えます。

慣用表現を覚える近道

最後に3点目です。**「慣用表現を覚えやすくなる」という意味でも、文法の力は威力を発揮します**。

第3講の冒頭で、“What do you do?”（お仕事は何ですか）は「現在形」という文法から考えると、表現を丸暗記せず、理解して覚えられるというお話をしました。これはほかの多くの慣用表現にも当てはまります。文法を知り、文法がその表現の中でどのように「機能」しているかがわかると、なぜその表現がその意味になるのか理解できます。そうやって理解して覚えたことは、表現と意味を丸暗記するよりも確実に記憶として定着します。そういう意味で効率的なのです。

いくつかの例を挙げてみましょう。

Do you have the time? という決まり文句はp.23でも出しましたが、「今何時ですか」と時間を尋ねる表現です。でもどうしてDo you have the time? がそんな意味になるのか。

答えは定冠詞theにあります。theというのは「共通認識」を示します。わかりやすく言えば、その場にいる全員が「せーの」で指をさせるもの、あるいは頭に思い浮かべることのできるもの、そうしたものにtheをつけます。ということは、the timeとは皆で共通認識できる時間=「今の時間」であり、「今の時間を持っていますか」から、「今何時ですか（何時かわかりますか）」となるわけですね。theがないDo you have time?（時間ある?）では、ナンパのセリフになってしまうかもしれません。

仮定法の知識もとても役に立ちます。I would recommend ～.（もし私なら～をお勧めします）といったような表現、あるいはCan you open the window? をCould you open the window? とすると丁寧になるといったことは、すべて仮定法を理解していれば暗記しなくて済みます。

仮定法とは、わかりやすく言えば「妄想」のこと。要は「現実でないこと」です。英語では妄想と現実を完全に分けて、現実でないことを言うときには、そのサインとして仮定法が使われます。そして、そんな仮定法の目印はifではなく「助動詞の過去形」です。先に挙げたI would recommend ～.にwouldが使われているのは、「もし私があなただったら」という「現実でないこと」だからです。canをcouldにすれば丁寧になるというのも、仮定法のニュアンスがこもるから丁寧な表現になるのです。couldに「もしよろしければ」という含みを持たせられるわけですね。いちいち決まり文句を覚えたり、couldやwouldを使ったいろいろな表現をひとつひとつ丁寧な表現として覚えたりするのではなく、仮定法という文法をマスターしておけば、暗記しなければならないことは激減します。

ちなみにビジネス英語の本にはよくYou might want to ～（～はいかがですか）という表現が載っていますが、これも仮定法（の一種）です。You want to ～だとかなり断定調になってしまいますが、You might want to ～は「あなたは～をしたいかもしれない（し、そうではないかもしれない）」という控えめな言い方になるので、ビジネスでは好まれるわけです。

もうひとつ別の例を挙げましょう。「ストレスを感じる」を英語にすると、have stressとfeel stressedという2種類の言い方があります。ですが、「この2つがあるから気をつけよう」とだけ教えられたら、勉強する側からすればたまらないですよね。haveのときにはstressという形で、feelのときはstressedという形になる……なんてとても覚えていられません。

ここで文法という「理屈」を知っておけば、2つを丸暗記する必要がなくなります。

have stressはhaveが他動詞でstressは名詞の、第3文型（SVO）の表現です（have＋名詞）。一方のfeel stressedはというと、feelを使うこの形は第2文型（SVC）で、be disappointed「がっかりした」がfeel disappointedになるのと同じ要領で、過去分詞stressedを伴って、feel stressedとなります。ここでも「文型」を理解していれば2つを丸暗記する必要はありません。

以上のように紹介していけばきりがありませんが、「表現の理解の促進」という点で、文法の力は決して侮れないのです。

どこまで学べばいいのか

そんな文法を、とりあえずどのレベルまで押さえておけばいいのか。ひとつの目安をお話ししておきます。

あまりナーバスになる必要はありません。**最低限、中学英語レベルの文法にプラスして、できれば高校で学ぶ文法も多少はやっておいたほうがいいでしょう。**中学で習う文法は簡単で、高校で習う文法は難しいというイメージを持っている人もいますが、普通の高校生が勉強しているレベルのことですから、特別に難しくはありません。とくに高校英文法では仮定法などの重要な文法がたくさん出てくるので、そこまでは押さえておいたほうが、後々ラクになるし、学習効率も高いです。

世間的には4技能（読む、聴く、書く、話す）をバランスよく習得することが大事だと言われていますが、これはややもすると4技能を意識するあまり文法を軽視してしまうかもしれません。しかし文法とは言葉のテンプレートですから、むしろ4技能の中核にあると言っても過言ではないくらい大切だと、心にとどめておいてください。

英会話レッスンの効果的な受け方

本書では、英会話習得（表現の定着）には練習と実践あるのみとお話ししてきました。そのために一番手っ取り早いのが英会話レッスンを受けることでしょう。スカイプを使ったオンライン英会話などは格安のものもたくさんあるので、昔よりも英会話を始めるハードルはかなり低くなってきているはずです。

そしてせっかく時間とお金をかけてレッスンを受けるならば、できるだけ効率よく英語力を上げたいところです。ここでは英会話レッスンの効果的な受け方について私なりの考えをお話ししたいと思います（ここでは講師が外国人の英語レッスンを想定しています)。

目的を設定して質問しまくる

まずレッスンを受けるときは、**相手の英語ネイティブに自分の目標を明確に伝えましょう**。自分は何を目的に英語を学んでいて、どのレベルまで行きたいのかを伝える。そこまで具体的に言えなければ、YouTubeなどの動画を見せて、このくらい話せるようになりたいとか、資格試験の教材を見せてこれをクリアしたいとか、とにかく具体的に目標を伝えておくことが大切です。

次にレッスンの受け方です。今日は何をやるのかを毎回自分で設定して、講師と共有しましょう。一例ですが、あるひとつの英語表現を定着させるべく、(たとえばI couldn't agree more. なら)これをレッスン中に5回使いたい、私が5回それを言えるようにレッスンをしてほしい、と先に伝えておく。そういう態度で臨んでいいということです(ちなみにI couldn't agree more. は「これ以上賛成する(agree)ことは仮の世界でもあり得ない(couldn't)」から、「大賛成」という意味です)。

また、外国人を前にするとかしこまってしまいがちですが、こちらからどんどん相手に質問しましょう。向こうに"How are you?"と言われる前にこちらから言ってみる。日本での暮らしぶりはどうかとか、ちょっと答えづらい質問をぶつけてみるくらい開き直って話してみる。そこで"That's a good question."などと言ってくれたら「ああ、こうやって使うんだな」とわかるはずです。講師の側も自分のことを生徒からそんなに聞かれることには慣れていないでしょうから、意外なリアクションが見られるかもしれませんよ。

教材があるレッスンの場合は、対話やロールプレイがただの読み合わせや単語の確認に終始しがちです。でも、テキスト通り進める必要はありません。読み合わせをするだけでおしまいにするのではなく、「こういう言い方はどう?」「それは覚えにくいから、もうちょっと簡単な言い方はない?」など、どんどん質問してみてください。ただ読み合わせで終わらせるのはもったいないですよね。

Could I say "○○" instead?
「こういう言い方はどう?」

That's hard to remember. Is there a simpler way to say it ?
「それは覚えにくいから、もうちょっと簡単な言い方はない?」

それに付随して言えば、レッスンは試験ではありません。だから、「こういうときはどう言えばいいんですか」「もう一回言ってください」など、本書で紹介した「困ったときのフレーズ」をしっかり頭に入れておいて、少しでもわからなかったら使ってみましょう。相手に通じているかどうか確認することもとても大事です。

What should I say in this situation?
「こういうときはどう言えばいいんですか」

Does that make sense? / Am I clear?
「通じてますか?」

Could you repeat that again?
「もう一回言ってくれませんか」

これらの表現をとにかく自分で絞り込んでストックしておき、それを何度も繰り返し声に出して口になじませて、隙あらば使ってみましょう。

ただし、What should I say in this situation? に関しては、話している途中に、「えっと、なんだっけな……」と思ってすぐに聞くのはよくありません。まずは最後まで言い通して、それから“What should I say in this situation?”と聞いてみる。そうすることで英会話における底力は養われていきます。

レッスン外でやるべきこと

密度の濃いレッスンにするには、レッスンの中で無駄な時間を徹底的になくすことも大事です。

中でも一番時間の無駄になるのは、語彙の説明です。**英単語は徹底的に「独学」で覚えてください。**私はよくカフェで仕事をするのですが、カフェで英会話レッスンを受けている人が最近はとても増えました。それを傍(はた)から見ていて思うのは、単語の説明にあまりにも多くの時間を費やしているということです。もちろん知らない単語が出てくるのは仕方のないことですが、レッスンのほとんどが単語の説明になってしまっているケースがよくあります。まずは、単語帳を1冊買って、単語の学習は完全に独学で進めたほうがよいでしょう。

また、英会話レッスンを始める前（あるいは同時並行して）リーディング、つまり**読解の学習を進めておくと効率的です**。会話中、わからないことがあったときに、書いてさえもらえれば理解できるようになるからです。それは強みになりますし、学習の質も自然と高まります。逆にこれをしないと、単語の説明や文法の説明で時間がつぶれて、英会話のレッスンが進みません。

今日から独学でできること

これまで、英語の勉強だけに時間を費やすわけにもいかない忙しい皆さんが、いかに効率的に英語を勉強していくかをお話ししてきました。本書もこの項で終わりとなります。

前項で英会話レッスンの受け方についてお話ししましたが、本書の締めくくりとして、学習を継続していくうえでふだんの練習をどのようにやれば英会話の向上に効果的なのか、独学で今日からできることをお話ししたいと思います。

何気ないスキマ時間を勉強時間に変える

仕事をする傍らで、時間をとって集中して勉強するのは大変なことです。ですからここでは、机に向って勉強する以外の練習方法を、3段階に分けて紹介します。1日中やるとつらくなるので、やれる範囲でやってみてください。たとえば駅で電車を待っていると、多くの人がボーッとしているか、スマホをいじっているかです。そういう日常のスキマ時間を利用しましょう。

〈レベル1　目に入ったものを「単語で」言ってみる〉

歩いているときに目に入ったものをまずは単語にしてみる。簡単そうに見えますが、やってみると案外難しく、「文」以前に「単語」すら一瞬で出てこないものです。

先に東京駅の煉瓦についてのちょっとしたエピソードをお話ししました。煉瓦は英語でbrickですが、出てきませんよね。あるいは煙突。煙突はchimneyですが、これもパッとは出てこない人が多いでしょう。ふだん使わない単語はとっさに出てこないものです。ですから、これはこれで大事な練習になります。できればテーマを決めて、自分と関係のあるものに絞って単語にしてみるのがいいでしょう。

当然ながら、言えない単語が出てきます。そのときは、似たもので言ってみてください。「言えない、ダメだな……」ではなくて、前に解説した、あの“It's a kind of ”（あるいは“It's like”）を使えばいいのです。plant（植物）、vehicle（乗り物）など、そうした「まとめ単語」を覚えておきたいところです。まとめ単語の一例として以下のようなものが挙げられます。

appliance（家電）	vehicle（乗り物）	instrument（楽器）
produce（農作物）	device（機械）	machine（機械）
furniture（家具）	document（資料）	clothing（衣料品）
plant（植物）		

この練習はふだん、毎日のルーティンとしていつでもやれるのがポイントです。繰り返しますが、本気でやろうと思うと辛いので、やれる範囲でやってみましょう。

〈レベル2　文で言ってみる〉

単語に慣れてきたら、今度は文章にして、目の前の状況を説明してみてください。

これには慣れが必要で、最初はなかなか出てきません。そのとき、**なぜ出てこないのかを考えてみてください**。形（文構造）が出てこないのか。単語が出てこないのか。

もしSVなどの形で言えないならば、最初は単語の連発でフォローしましょう。とにかく、説明をするためにひとつでも多くの単語を口にしてみるのです。

たとえば、「外国人旅行者が駅で切符を買うのに困っている」と言いたいなら、traveler、station、ticket、trainなど、とにかく思いつく限り単語を列挙してみる。ゲームのようなものです。ちなみに、英文ではSome foreign travelers (tourists) are having trouble buying tickets at the station. になります。

逆に単語が出ないのであれば、形からカバーしてみましょう。形として使えるのは、

It is like ～ .

「それは～のようなものです」

You use it to ～ .
「それは～するために使われます」

この2つです。「望遠鏡」が出ないなら、You use it to look at stars.（星を見るためのものです）と言えばいいとお話ししましたね。

この練習はいざ会話をするときに役に立つでしょう。文の形が出ないならば単語を連発してみる（格好悪いかもしれませんが、黙ってしまうよりよほどいいです）、単語が出てこないなら“It is like ～ .” “You use it to ～ .”などの文を使ってみる。それは皆さんがイメージする「ペラペラ」な英会話ではないかもしれませんが、そのとき傍から見ればかなりしゃべっているはずで、それもひとつの立派な英会話です。言葉自体ははじめは拙くとも、「とにかく黙らない」「話す意思を全身で伝える」、この姿勢は確実に相手に伝わります。

〈レベル3　身の回りの日本語を英語に訳してみる〉

これはレベル2まである程度できるようになり、さらに本気でやりたい人向けです。常に英語のエンジンをかけておくために、身の回りの日本語を英語に訳してみましょう。これにはいろいろなやり方があります。

まず、「電車の中吊り広告を英訳してみる」。私は駆け出しの予備校講師だったころ、満員電車の中でこれを実践していました。満員電車の中では本も読めませんし、当時はスマホもありませんでした。そのスキマ時間をどうすれば活用できるかと考えた苦肉の策がこれだったわけですが、電車に乗っている間中ずっと集中してやっていたわけでは決してなく、20分電車に乗っているうちの5分程度の、本当にちょっとの時間です。その程度でいいんです。

また、歩いているときも立派な「スキマ時間」です。歩きながら、目に入ったものを実況中継していく。何でも構いません。

A strange man is coming towards me.
「変な人が歩いてきた（向かってきている）」
There are skyscrapers near here.
「高層ビルが近くにある」
I found a Starbucks.
「スターバックスを発見」

全部を言う必要はまったくありません。何度も言いますが、全力でやろうとすると疲れますし、おそらくすぐに挫折します。だからたとえば人や建物など、テーマを絞りましょう。そうすると単語も「あ、これはなんて言うんだろう」という意外な穴に気づいたりして、レベルアップにつながります。

そうしてレベルが上がっていったら、たとえばテレビを見ながら、CMの言葉を訳してみる、なんていうことにトライしてみてもいいかもしれません。短いCMの中で流れていく言葉をきちんとした英語にするのは不可能です(それはもう一流の同時通訳レベルです)。だから15秒のCMの中で単語を3つ出せたらOKとか、1文言えたらクリアとか、自分なりのルールを決めてやってみてください。

表現のストックが英会話力の土台になる

これらのことをふだんの生活の中にちょっとずつ取り入れていくと、英語の瞬発力が少しずつ身についていきます。パッと英語が出てきやすくなるわけですね。

ちなみに、英語を勉強しているのに、外国人に道を聞かれたときに英語が出てこなくてへこんだ経験をお持ちの人もいるかもしれませんが、それは実際のところ、出てこなくて当然なのです。頭が英語モードになっていないわけですから、そこで後悔する必要はありません。ただ、これらの練習で英語のエンジンをかけておくことで、とっさに言葉が出てきやすい状況を作り出せるようになっていきます。英語と日本語のスイッチを切り替えやすくなる、とも言えます。

最後に、この3つのレベルの練習をそれぞれの学習状況に応じてやってみて、そこで作った文章をストックしておきましょう。わからない単語が出てきたら、後で辞書で調べて自分なりに文にしてみる。自分でアレンジしたものは忘れません。

表現をストックしておくと、言葉のバリエーションを増やしていくときにそれが土台となってくれます。結果、応用も利きやすい。もちろん単語をきちんと勉強していることが前提ですが、この段階で英会話の表現が一気に増えていくはずです。

第4講のまとめ

表現の「見栄え」を整える

・うまく出だしが言えないときや言葉が浮かばないときは、まず自分は何を伝えたいのか、メッセージ全体の意図を真っ先に伝える。そうすることで話は格段に通じやすくなる

・soやwell、sureなどは「英語のリズム」を生み出すつなぎ語。これらの言葉を加えると話の流れがよくなる

相手の名前を呼ぶ／聞く

・英会話で一番重要な単語は「相手の名前」

・いきなりWhat's your name? と聞くのは失礼。相手の名前を聞くときは、軽く雑談した後にBy the way, I'm ○○. And you are ... という流れが最も一般的

・あいさつするとき、質問するときは名前を言うチャンス

発音とリズムの「見栄え」を整える

・アクセントと「正しい」発音の仕方を知っていれば言葉は通じる。それを踏まえて発音の勉強をするか考えるべき

・リエゾン（単語と単語の音のつながり）を意識する。どこでどんなリエゾンが起きているか、リスニング教材などで意識を向けてみる

・言葉に抑揚をつけると英語のリズムが生まれ、通じやすくなる

・話すだけでなく「相手に振る」意識を持つと、会話に

心地よいリズムが生まれる

文法を学ぶことは英会話学習の近道

・文法は「言葉のテンプレート」。そのテンプレートが頭の中に整理されていると、大量の英文を効率よく処理することが可能になる。とくに「文型」は究極のテンプレート
・「英語のリズム」に乗るには適切な場所で区切る力が必要。そのためには文法の知識が不可欠
・慣用表現を文法の力で「理解して」覚えることで、記憶に定着しやすくなる

英会話レッスンの効果的な受け方

・受講の際は講師に自分の目標（どこまで到達したいか）を明確に伝える。1回のレッスンでも自分で課題を設定して講師と共有する
・困ったときのフレーズを駆使して、わからないことは聞きまくる
・語句解説は時間の無駄。単語の勉強は徹底的に独学で行う

今日から独学でできること

・目に入ったものを英語（単語レベル）で言ってみる。それに慣れたら今度は文で言ってみる。出てこないときは「なぜ」出てこないかを考える

・本気でやりたい人は、身の回りの日本語を英語に訳してみる
・作った文章はストックしておく。それが言葉のバリエーションを増やしていくときの土台になってくれる

エピローグ

私が30代前半、毎週飛行機で全国各地の予備校に出向いて講義をしていたある日、背骨に鋭い痛みが走りました。場所が場所だけに、放置するのも不安で、大きな病院の整形外科へ行きましたが、レントゲンを見ても異常は見つからず、結局医者から言われたのは「体が固いのでストレッチをしなさい」というものでした。

「そういった類いの痛みではない」と抗議すると、今度は「背骨自体が痛みを感じることはない」と言われました。確かにそれは人体の構造からすると正論なのかもしれませんが、そんなことを言われても、私の痛みが軽減することはなく、むしろ不安が増すだけでした。この医師の対応にはさすがにあきれ果て、その後別の病院に行きましたが、結果は同じでした。

後日、知人に症状を話すと、「もしかしたら内臓が原因かも。同じ症状の友達がいた」ということで内科に行くことを勧められました。

幸か不幸か日々の講義が忙しく、病院巡りをする時間もなかったのでしばらく放置すると、3か月くらいで痛みは消えましたし、10年たった今も健康体なので、今となっては笑い話です。

もちろんすべての病院がこうではないでしょうが、少なくとも私の経験上では、原因もわからず、痛みにも対処してもらえず、総合病院でもそれぞれの診療科は連携していませんでした。ただ診察にやってきた目の前の患者にその場限りの対応をするだけの姿勢には啞然（あぜん）としましたし、何より、どうしていいのか途方に暮れたものです。

「話せない」原因がわからない人のために

これって何か英語教育の世界も同じだなあと感じます。本書の第1講で、書店に溢れる英会話本を7種類に分類したうえで、「それぞれの本の立場を理解しないと、自分とは関係のない類いの会話を勉強してしまう」といった趣旨のことをお話ししました。

それぞれの著者がもちろんその領域においての英会話を説明してはいますが、英会話の全体像や、それぞれの本がどの領域に属するのかは明確に示されることはほとんどありません。何かの縁や直感で1冊の英会話本を手にしたとき、それが自分に「効く」類いの本であればいいのですが、まったく見当違い、とまではいかなくても、自分にはあまり関係のない本ならば、思い通りの効果は期待できないでしょう。

また、自分に合う本を手にしたとしても、英語を話せない原因が「英語そのもの」ではなく、それ以外のこと、たとえば声の大きさや相手の理解力、些細なことでも話すというマインドセット、自分のことはきちんと語れないといけないという英語圏での常識などを知らないことには、いったい何で話せるようにならないのか、その原因が一向にわかりません。

私の病院での経験と同じように、英語を話せるようにならない原因がわからず、そもそもどういう会話が必要なのか、いったい自分のゴールは何なのか、どこでつまずいているのか、といった「地図」が見えずに途方に暮れている学習者はたくさんいるはずです。

その全体像と、話せるようになるまでにどんな壁があるのか、その壁を乗り越えるために何をすればいいのか、できる限り明確に本書で示しました。

私は英語講師を20年以上やっていますが、英会話だけを専門にしているわけではありません。NHKラジオ講座『基礎英語2』テキストのコラムを担当し、オンライン予備校『スタディサプリ』の授業によって、小中学生から高校生・大学受験生までに自分の考えを伝えることができています。さらにはTOEIC講座と著書で、大学生・社会人にも英語の講義をしています。

つまり、入門英語だけではない、受験英語だけではない、資格試験の英語だけではない、趣味と教養のための英語だけではない、英語教育界を俯瞰できる、そして直接自分の考えを伝える、そんな特別な立場に立たせてもらっています。その視点から、国民病とも言える英会話に対して、何かしらの処方箋を示すことができると思ったのが、本書のコンセプトにつながりました。

英会話のノリに慣れない人にこそ

ここまでお読みいただいた皆さんは十分に理解してくださっているはずですが、もしかしたら最初は、本書が扱う内容が「おしゃべり英会話・雑談」であるのを見て、「自分にはいらないかな」と思ったかもしれません。実際にそう思ってその場で書店を立ち去ってしまった方もいるでしょう。

また、ところどころ、「え、そんなことでいいの？」と思う箇所もあったと思います。しかし、英会話とは英語だけで成り立つものではありません。相手となる生身の人間とのやり取りで生じるものです。これは当たり前のことなのに、ずっとないがしろにされてきたように思えます。

相手がいるのであれば、人間がそこに存在するのであれば、それは言語だけでなく、心理・常識も大きな役割を果たすはずです。心理とは「マインドセット」のことです。どんなに英語の実力があったとしても、「些細なことでも話す」意識がなければ、その実力を自分で封印してしまうことになります。常識とは「英語ネイティブの了解事項」のことです。英語の勉強に多くの時間を投資しても、雑談に必要な「自分のこと」をスラスラ語ることが大事だと知らされず、そこに時間を割かないと、結果的には英語力を十分に生かすことができません。本書の冒頭で、雑談を英会話の「ファースト・ステージ」

と表現しましたが、このステージをクリアしないことには、良好な対人関係を築くことはできません。それはビジネスにおいても日常生活においても大きな損失につながりかねない、ということはすでにお伝えした通りです。

そんな中、本書の原稿整理段階において、担当編集者であるNHK出版の田中遼氏から、急遽ドイツへ通訳なしでの出張が決まり、英会話の集中レッスンの受講を余儀なくされていることを聞きました。

彼はレッスン前の雑談で、本書の内容が絶大な効果を発揮していると言っていました。そして、大学受験経験者として多少の英語の知識はあるものの英会話がさっぱりなのは、どちらかと言うと内向的な性格に加えて、ネイティブのノリにどう対処すればいいのか、その波にどう自然に乗ればいいのかがわからず、物怖じしていることにも原因があると思い至ったとのことでした。そこで「たいしたことでなくても言ったほうがいい」「聞かれていないことも話す」「聞かれたら必ず聞き返す」といったマインドセットを持つことで、ひとつの「演じ方」のルールを知ることができて、心の負荷がとても軽くなった、と。

出版業界では「編集者はひとり目の読者である」ということを聞いたことがありますが、今回彼には読者としてだけでなく、ひとり目の実演者の視点からも本書を磨き上げ、バックアップしていただいたことは、大変頼もしくもあり、また、著者として自分の方法論の有効性を確信することにもつながりました。

彼の報告を聞いて初めて私自身も気づいたことがあります。内向的な性格とネイティブのノリについていけない、というのは私自身も子どものころから現在まで感じていることです。無邪気に明るく振る舞える性格であれば、そのコミュニケーション力だけでネイティブと渡り合えたと思います。でもそうでないからこそ、ネイティブの頭の中、彼らが当然視していて説明してくれないマインドセットを深く、丹念に分析して、どうすればいいのか、その方法としてできるだけラクで無理のないものを模索し続けたからこそ、本書で紹介した発想にいきついたということに、たった今、気づきました。

やっぱり英会話は楽しい

そして本書の最後に一点だけ皆さんにお伝えしたい、いや、確認しておきたいことは、「やっぱり英会話って楽しいよね」ということです。

時としてつらい練習も、サボってしまって自己嫌悪に陥ることも、思い通り言葉が出なかったり、躊躇（ちゅうちょ）してしまった自分にへこんだりすることもあるでしょう。それでも、少しでも英語が通じたときの喜びに、何物にも代えがたいものがあるというのは、皆さんもご存じのことかと思います。

もしかしたら、ほんのわずかにもかかわらず言語が通じるという行為は、人間に与えられた喜びのひとつであり、私たち自身、遠い記憶の彼方にあるだけで、1歳か2歳のときに日々感じていた原初的な喜びなのかもしれません。

皆さんが今後、英会話を上手にこなしていくために、そして何よりも楽しんでいくために、本書で知ったこと、気づいたことが少しでもお役に立てばと願っております。最後までお読みいただき、本当にありがとうございました。

関正生

校閲　小森里美
　　　Lisa Gayle Bond
DTP　佐藤裕久

関 正生 せき・まさお
1975年東京都生まれ。
リクルートが運営するオンライン予備校「スタディサプリ」講師。
慶應義塾大学文学部英文学科卒業後、
東進ハイスクール、秀英予備校などを経て現職。
「暗記英語からの解放」を掲げ、受験生のみならず
社会人向けの講演や英会話教材の監修も行っている。
著書に『サバイバル英文法——「読み解く力」を呼び覚ます』
『サバイバル英文読解——最短で読める! 21のルール』(NHK出版新書)
『カラー改訂版世界一わかりやすい英文法の授業』『真・英文法大全』
(KADOKAWA)など多数。

NHK出版新書 565

サバイバル英会話
「話せるアタマ」を最速でつくる

2018年10月10日 第1刷発行
2023年 7 月30日 第4刷発行

著者 関 正生

発行者 松本浩司

発行所 NHK出版
〒150-0042東京都渋谷区宇田川町10-1
電話 (0570) 002-231(問い合わせ) (0570) 000-321(注文)
http://www.nhk-book.co.jp (ホームページ)

ブックデザイン albireo

印刷 新藤慶昌堂・近代美術

製本 藤田製本

Printed in Japan ISBN978-4-14-088565-9 C0282

NHK出版新書好評既刊

平成論
「生きづらさ」の30年を考える

池上 彰　上田紀行
中島岳志　弓山達也

二〇一九年四月三十日、「平成」が終わる。東工大リベラルアーツ研究教育院の教授四人が、「宗教と社会」を軸に、激動の時代を総括する。

561

子どもの英語にどう向き合うか

鳥飼玖美子

2020年からの小学校英語「教科化」が不安視されている中、親がとるべき姿勢とは？ 早期英語教育の問題点も提起しつつ、その心得を説く。

562

試験に出る哲学
「センター試験」で西洋思想に入門する

斎藤哲也

ソクラテスから現代思想まで、センター倫理20問を解き、解説とイラストを楽しむうちに基本がサラリと身につく。学び直しに最適の1冊！

563

薩摩の密偵 桐野利秋
「人斬り半次郎」の真実

桐野作人

幕府と雄藩の間で繰り広げられた情報戦とは？ 西南戦争開戦の本当の理由とは？ 激動の時代に暗躍した謎に満ちた男の実像に迫る、初の本格評伝。

564

サバイバル英会話
「話せるアタマ」を最速でつくる

関 正生

今まで誰も教えてくれなかった「スモールトーク」の具体的な作法と万能のテクニックを1冊に凝縮！ 大人気カリスマ講師による新書・第3弾。

565